Ralf Thenior

Strange Kebab . Kleingeschichten

Ralf Thenior

Strange Kebab

Kleingeschichten
aus dem größten
Ruhrgebiet der Welt

mit einem Nachwort des Autors
und einer Nachbemerkung
von Walter Gödden

BÜCHER DER NYLAND-STIFTUNG • KÖLN

Bücher der Nyland-Stiftung, Köln
Herausgegeben von Walter Gödden
Reihe: Neue westfälische Literatur, Bd. 17

Bibliografische Informationen der Deutschen Nationalbibliothek
Die Deutsche Nationalbibliothek verzeichnet diese Publikation in der Deutschen Nationalbibliografie; detaillierte bibliografische Daten sind im Internet über http://dnb.d-nb.de abrufbar.

Postfach 10 04 27, D- - 33504 Bielefeld
Titel und Satz: Klauspeter Sachau
Druck: docupoint GmbH, Magdeburg

ISBN 978-3-89528-847-0

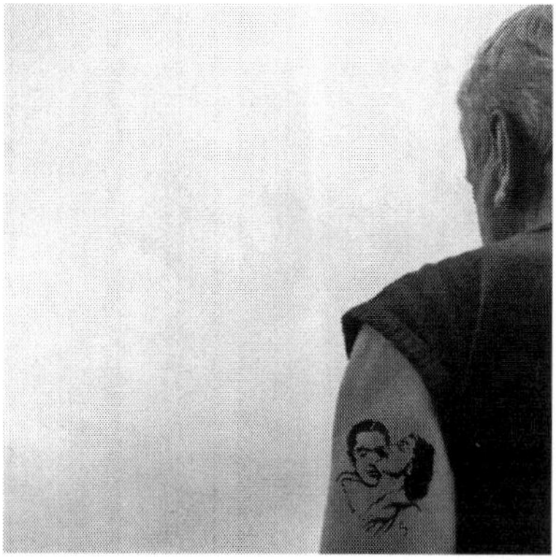

Nordstadtsommernacht

Am Tag der Volkserhebung misst man 37 Grad um Mittag auf freiem Platz. Die Stadt heizt sich auf. Die Luft flirrt. Autopolster verbrennen nackte Oberschenkel. Wer irgend kann, zieht sich in die kühle Altbauwohnung zurück und streckt alle Viere von sich - geschockt von dem plötzlichen Temperaturanstieg, dem heftigsten seit fünfzig Jahren, 17 auf 37 Grad von einem Tag auf den andern. Kurz vor Mitternacht hat es sich auf zwanzig Grad abgekühlt. Es ist ruhig geworden. Die Kampftrinker von der Bude haben sich schon lange verzogen. Es ist still in den Straßen. Irgendwo kläfft ein Hund. Nur wenige Nachtschwärmer nutzen die Gunst der Stunde, sitzen auf Schienen des alten Güterbahnhofs am Fredenbaumpark und nuckeln an Kannen und Tüten. Am Himmel wächst Sternmiere.

Das Licht des großen U
Für Michael Steffens

Der junge Dichter sitzt in der Dachkammerwohnung im vierten Stock der Johanna-Melzer-Straße und rauft sich die Haare. Es ist lange nach Mitternacht und er muss seinen Text für die morgige Schullesung im Gymnasium noch schreiben. Er wird eine Geschichte über seine eigenen Schulerfahrungen bringen. Er wird am Ende als Arsch dastehen, aber na gut, er wird ihnen wenigstens gezeigt haben, wo der Hammer hängt. So stellt er es sich vor. Jetzt muss er nur noch die Geschichte schreiben. Doch immer wieder klebt sein Blick an dem großen erleuchteten U auf den stillgelegten, langsam vor sich hin rottenden Gebäuden der Union-Brauerei. Er sieht das U von seinem Fenster aus in einem Kilometer Luftlinie über den Dächern schweben. Das große U, eine wunderbare Vision. Es ist ihm eine Ikone, eine Buchstabenmeditation, eine riesige, volle Biertulpe am nächtlichen Firmament. - Wann, denkt er sorgenvoll, wird es erlöschen?

Der Borsig-Kreisel

Vom Borsigplatz gehen sternförmig sechs Straßen ab. An jeder Ecke gibt es eine Kneipe und in die Straßenschluchten hinein, die, wie manche sagen, wie Fangarme eines Kraken auf Opfer lauern, gibt es weitere, sie bilden in vereintem Interesse einen Mahlstrom, dessen Wirbel der Borsig-Kreisel genannt wird. Gerät einer in diesen Kreisel hinein, ist er für mindestens drei Nächte verschwunden. Wenn er überhaupt wieder auftaucht. Es beginnt mit Bier und Korn, jeder Arzt rät von der Mischung ab. Der wagemutige Westfalenreisende würde hier mehr als Überraschungen erleben. Doch sprechen wir über jene, die sich nicht leichtfertig hineinstürzen: Die Ortskundigen, die es wie eine Kunst betreiben. Der Mann, der im Kreisel surft. Der volltrunken in den »Haxenhans« hineinschneit, ohne Zögern eine Haxe bestellt und sie, während unser staunender Stammesforscher noch an der harten Außenhaut seiner eigenen Haxe herum säbelt, in Sekundenschnelle fachmännisch zerlegt und verzehrt hat, und ehe der verdutzte Neuankömmling sich an die zweite Säbelei machen kann, schon wieder, nachdem er zahlte, den Laden verlässt und dem Wirt über die Schulter zuruft: Grüß deine Schwester! - Welche? - Is' egal! Schon ist er verschwunden, angesogen vom Borsigkreisel in der Nacht.

Freitagabendfieber

Ein kalter Märzregen mitten im Sommer, es ist schon Ende Juni. Siebzehn Uhr, Freitagabend. Die Vibration der Stadt lässt nach, das Dröhnen wird bald verebbt sein. Gleich fängt das Wochenende an. Heut' Nacht lassen wir's krachen! Aber hallo! Wir gehen rüber in unsere Eckkneipe – und dann gib Zunder! Man gönnt sich ja sonst nichts. – Und nebenan: Komm, wir gehen ins »Roxy«. Ich find die »Camera« schöner. Is' doch egal. Mir nicht. Gut, »Camera«. Und wenn nichts läuft? Machen wir was anderes. Nicht schon wieder! Ich will endlich joggen! Da musst du bis morgen warten. Nein, jetzt! Guck doch mal aus dem Fenster. Ein kalter Märzregen geht nieder. Ich finde alles außer Joggen öde. Komm, wir vögeln 'ne Runde. Nein, jetzt nicht!

Fett absaugen

Die letzte Flasche Wein war schlecht, er sucht seine Socken auf der Straße. Sagt einer: Komm mit, wir gehen protestieren. Er mit. Kleiner Haufen, aber zum Äußersten entschlossen. Sie bauen sich vor dem Rathaus auf. Wogegen sind wir? - Weißt du's nicht? Der Bürgermeister hat dem Stadtwappen das Fett absaugen lassen. - Wie? - Ein Designer aus Düsseldorf hat dem Struppvogel den Bauch wegretuschiert. - Bei dieser Haushaltslage? Für fuffzehntausend Eu! War es mein Genosse? Er schreit: Bürgermeister Langemeyer, klaut des Adlers gold'ne Eier! Und backt sich ein Ei! Er steht allein vor dem Rathaus. Eine Hand legt sich auf seine linke Schulter. Auf seine rechte auch. Grüne Minna. Und ab nach Aplerbeck.

Vollmond über Balkonien

Der Efeuripper vom Rombergpark hackt wieder blindwütig auf den Efeu ein. Doch auf Balkonien stört das keinen. Man sitzt und trinkt Sangria con mucho alegria. Noch eben waren die Wölkchen lachsrot vom Sonnenuntergang, jetzt ist es schon dunkel, dämmerungsblau mit Violettschein, und die Fledermaus flippt durchs Himmelskarree im Hinterhof. Gott sei Dank, dass die Nachbarn nicht mehr grillen dürfen. - Ob er heute wieder hackt? - Der Efeuripper? Vielleicht. Gegenüber steht eine einsame Frau und raucht. Der Mond ist aufgegangen. Ein Baby schreit. Das ist der Mond! Das Baby schreit lauter. Dann schluchzt es nur noch, wird still. Der Duft des Sommerflieders, der aus dem Schuppendach wächst, steigt empor und weht durch den Hinterhof. Alle unterhalten sich leise, lachen gedämpft, nur im dritten Stock knurrt einer: Immer das Gefummel mit dem Werwolfgebiss!

Schlechte Karten

Einsame Frau am Tresen. Leichte Beute. – Na, Kummer mit dem Liebsten? Nee, mit'm Chef. Wie? Er kommt immer zu spät und ich muss die ganze Arbeit machen. Soll vorkommen. Was machst du? Sozialfürsorge. Kleines Büro, nur er und ich. Dauernd ist er weg, Kenia, Karibik und so. Und woher kommt die Kohle? Aus der Kasse für die Behinderten. Zeig ihn an! Wollte ich ja. Und? Kein Geld. Geh ins Amtsgericht zur Rechtsberatung. War ich ja. Und? Netter junger Anwalt. Ich erzähl die Story. Sein Robin-Hood-Ding kommt hoch. Er kriegt leuchtende Augen. Wie heißt der Mann? Ich nenn den Namen. Seine Miene wird eisig. Keine Chance, schnarrt er. Der Mann ist in meiner Partei. Dann hat er mich rausgeschmissen. – Noch zwei auf meinen Deckel!

Das Tausend-Lampen-Fest

Den Pilz wollen sie platt machen. Den Pilz im Gneisenau-Park. Unter dem die Nordstadtkampftrinker in mühevoller Kleinarbeit tausende von Kronenkorken in den Grund getreten haben. Sommers wie winters, bei jedem Wetter, standen sie unter dem Pilz und tranken Pils. Oder was grade da war. Und jetzt soll der Pilz weg. Weil da ein Spielplatz hinkommt. Das muss gefeiert werden. Horridoh! Bringt Kisten mit köstlicher Hopfenkaltschale! Bringt Zündkerzen, Granaten, Küstennebel und kleine Feiglinge so viel ihr tragen könnt. Vergesst auch den Tabak nicht und die aktiven Zichten! Was immer ihr bringt, es soll willkommen sein, wenn es nur dreht! Und du da, Günni, du trübe Tasse! Komm rüber! Setz den Feuerzeughebel an und lass den Kronenkorken fliegen! Heut' sind wir ganz weit vorn, heut' kann uns keiner kriegen.

Körnchen picken

Am Ende war er allein. Das hatte er schon gemerkt. Wenn du nichts mehr zu bieten hast, ist Feierabend. Da kümmert sich keiner um dich. Das ist Satz. Da kannst du dich auf den Kopf stellen. Was er nicht tut. Das wäre ja noch schöner. Lieber allein als Opfer. Allein als Opfer? Nie. Lieber allein. Warum soll er sich kümmern? Wer kümmert sich um ihn? Niemand. Ist ja auch egal. Er kommt schon durch mit seiner kleinen Rente. Er braucht niemanden. Er geht in den Supermarkt, kauft Korn und Körner, setzt sich auf seinen Balkon und füttert die Vögel. Ein Körnchen für dich, ein Körnchen für mich. Zupp! Zupp!

Der hässlichste Imbiss westlich der Elbe

Wo stand er? Im Dortmunder Hafen natürlich. Extreme Lokalpatrioten sagen sogar, die hässlichste Wurstbude der Republik. Also nicht in Hoyerswerda, sondern bei uns! Ein einfacher Würfel, Sperrholz gegen Stahlrahmen geschraubt, mit aufklappbaren Verkaufsfenstern zu zwei Seiten. Auf dem Pappteller über der Klappe: Super-Preis/Bratwurst 2,20. (Deutschmark, wohlgemerkt.) Daneben, angepinnt, ein Zettel mit kindlichen Druckbuchstaben: Heiße Fleischwurst. Ein Würfel mit brutzelndem Innenleben. Auf dem Bratbrett die Hauptperson, Mme. Bratwurst selbst, natürlich. Ein von einer namenlosen Wurstfabrik hergestelltes Brät im essbaren Saitling, über das Angebrannte kommt Ketchup. Dazu 'ne Dose »Hansa-Pils«. Der Brunch der Dortmunder Matrosen, damals in den neunziger Jahren des zwanzigsten Jahrhunderts. Fast sieht es so aus, als stehe tatsächlich ein Kerl vor der Bude und warte auf Bedienung. Er will eine Bratwurst und ein »Hansa«. Doch der Würfel ist leer. Der Griller steht hinter der Bude und schlägt sein Wasser ab.

Der dicke Mann brüllt »Aufhören!«

Für Grobi

Ein Sommerfest wollten sie machen, mit Forellengrillen, Sangria und ein bisschen Mucke. So mallorcamäßig. Janet und Dieter hatten Lampions über die Straße gehängt, Lennart rollte ein Fass Bier an, und Grobi hatte seine Ukulele dabei. - Hoffentlich hielt das Wetter den Ton! - Mehr als fünfzig Leute saßen auf dem Bürgersteig vor dem Haus, lachten, tranken, quatschten und mampften gegrillte Forelle. Plötzlich hängt der dicke Mann von gegenüber aus dem Fenster. Aufhören oder ich ruf die Polizei! Keiner hört auf. Die Polizei kommt. Der Dicke schimpfend im Windschatten mit. Die Bullen sind freundlich. - Ja, wenn sich niemand beschwert hätte ... - Dieter sagt: Augenblick! Ich bin der Gastgeber. Er nimmt den dicken Mann beiseite, lädt ihn zum Bier ein. Sie trinken. Die Bullen ziehen ab. Die Nacht ist lau. Alle lachen und trinken und quatschen weiter. Grobi singt: Völker, hört die Signale! - Und wisst ihr, wer die letzten fünf gegrillten Forellen gegessen hat? Genau. Der dicke Mann.

Vergiss es!

Nadine steht am Tresen des »Zunftstübchens«. Sie hat die Faxen dick. Sie kann nicht mehr. Die Kita ist dicht. Was soll sie machen? Wo soll sie Chantal unterbringen? Eine Tagesmutter kostet mehr als die Miete. Hin und her hat sie überlegt. Sie weiß nicht mehr ein noch aus. Chantal ist drei. Sie kann sie doch nicht zu Hause lassen. Ihr platzt der Kopf. Was soll sie machen? - Trinkst du noch einen mit, Naddl? - Ja.

Ein Sommertag im Fredenbaumpark

Sogar am Wochentag schleudert die Fontäne Wasser in die Luft, und die hintere auch. Sonnenhungrige Studentinnen räkeln sich am Ufer des Teiches auf Decken und Matten und saugen lesend die Sonne auf. Ein Hauch von Sonnenöl auf Mädchenhaut liegt in der Luft. Eine mollige Frau zieht die Pofalte ihres Bikinis glatt. Ein Ruhetag im Fredenbaum. Was könnte schöner sein? Alte Männer auf neuen Fahrrädern kreuzen herum, manche mit Helm. Sie sehen aus wie radelnde Spechte, sind stolz und sehen die jungen Frauen nicht. Die unrasierten Kerle mit den Sonnenbrillen dafür umso mehr. Am Wasserrand sitzt eine Oma und füttert die Enten tot. Im Gras nebenan hockt ein unglücklicher junger Mann und zählt die Knöpfe an seinem Handy.

Engel der Tröstung

Schatten und Stille in der kleinen Küche im vierten Stock des Hauses Nr. 37 b in der Robertstraße. Es ist weit nach Mitternacht. Ein Teelicht unter der Tonkanne, eine Tasse auf dem Tisch. Der Mann raucht eine Selbstgedrehte nach der anderen. Er hat versagt. In seinem Beruf. Und überhaupt. Er ist den Ansprüchen seiner Eltern und seiner Umwelt nicht gerecht geworden. Er raucht und schaut aus dem Fenster. Die Lichter an den Türmen der Westfalenhütte, weiße und gelbe Scheinwerfer, stehen klar und deutlich in der Nacht. Der Mann zieht Striche von einem Licht zum anderen, wie Kinder es tun, wenn sie Bilderrätsel in Zeitschriften lösen. Die in Gedanken gezogenen Striche bilden die Figur eines Engels, der ihn tröstet. Und Tröstung hat er verdammt nötig. Denn es ist alles noch viel schlimmer. Er ist seinen eigenen Ansprüchen nicht gerecht geworden. Er ist gescheitert. Es wird eine Weile dauern, bis er wieder auf die Beine kommt.

Die ersten Zähne

Die ganze letzte Woche hatte der Kurze von unten gejammert. Manchmal sagte er »Aua« und heulte leise vor sich hin, dann drückten ihn die neuen Zähne wieder und er schrie stundenlang wie am Spieß. Man wusste nicht, wen man mehr bedauern sollte, ihn oder sich selbst. Jetzt ist es besser. Zur Belohnung schenkte ihm der Opa eine Superknarre, ein Plastikgewehr, das knattert wie ein Maschinengewehr und kleine Feuerstöße simuliert. Der Kleine ist hingerissen. Jetzt steht er stundenlang auf dem Balkon und lässt die Knarre knattern. Opa! Schreit er, Opa! Und knattert wie ein kleiner Teufel. Man weiß nicht, ob man sich mit ihm freuen oder ihn verfluchen soll.

Lappenordnung

Eine Bürste fürs Grobe, eine Bürste fürs Feine, ein Lappen zum Spülen und ein Lappen zum Abwischen. Und wer sich den Mund am Geschirrtuch abputzt, fliegt raus. So einfach kann das Leben sein. Und dann kommt Besuch. Natürlich wollen sie helfen, krempeln sofort die Ärmel hoch und machen sich über den Abwasch her, schmeißen alles unsortiert ins Spülwasser, Weingläser und fettige Teller, benutzen die Bürste fürs Feine fürs Grobe und wischen den Herd mit dem Spüllappen ab. Die kommen uns nicht wieder ins Haus!

Musik für wilde Kamele

Die Information erreichte die Kampftrinker der Scharnhorststraße auf dem Presseweg. Die beiden siebzigjährigen Frauen saßen fest. Eine Herde wilder Kamele hinderte sie am weiterwandern. Aber was noch schlimmer war, die wilden Kamele griffen die neun zahmen Kamele an, mit denen die Frauen Australien durchquerten. Drei Tage gelang es ihnen, die wilden Kamele mit dem Lärm aneinandergeschlagener Topfdeckel und der Stimme von Janis Joplin aus dem Lautsprecher des Kassettenrekorders zurückzutreiben. Bis sie endlich von anderen Touristen aus ihrer misslichen Lage befreit wurden. - Happich ja immer gesacht, mit Janis Joplin kannze Kamele vertraibm, sagte Wiesel.

Schwerte Knock-out

Für Jürgen „Kalle" Wiersch

Die Sache war glatt über die Bühne gegangen, die Abschlussveranstaltung blieb störungsfrei im Zeitplan. Leider hatte er vor Beginn die Nerven verloren und einen Anhänger des Improvisationstheaters beleidigt. Der Gedanke spontane Aktionen in den Ablauf zu bringen, war ihm unerträglich gewesen. Er gehörte zur Fraktion der Anwender des festgelegten strukturierten Zeitplans mit höchster Ablauftransparenz und absoluter Perfektion. Verzauberung war nicht sein Auftrag. Nachdem der Abschlussapplaus verebbt war und die Zuhörer eilig von dannen strebten, kam der Improvisationstheatermann auf ihn zu. Er kochte und setzte ihm die Faust direkt aufs Kinn.

Strange Kebab

Die alte Kneipe an der Ecke war zum Döner-Imbiss geworden und die alte Eckkneipe geblieben. Dieselben Leute saßen am Tresen vor ihrem Bierchen und dröhnten vor sich hin. Tote Männer, die qualmen und schweigend darauf warten, dass es zu Ende geht. Es hatte sich nichts geändert, außer dass draußen die Dönerfahne hing. Aber so ein Zeug aß man hier sowieso nicht. Und dann kommt einer rein und verlangt zwei Döner. Unverhohlenes Grinsen der Stammgäste. Sie nicken, kneifen ein Auge zu. Hast du das gehört? Die Spezialität des Hauses! Soviel Döner haben die schon seit Wochen nicht mehr verkauft. Hoffentlich ist das Fleisch noch gut. Der teigige Gläserspüler ruft es durch eine Klappe nach hinten durch: »Zwei Döner!« Geht klar! Welche Bewegungsabläufe hat die Bestellung in dem Raum hinter der Klappe in Gang gesetzt? Nach einer knappen halben Stunde kriegt der ungeduldige Fremde endlich zwei Tüten mit Döner in die Hand, fest eingepackt, damit er nicht gleich sehen kann, wie sie geworden sind.

Meschedemorgen im Winter

Halb sechs Uhr morgens. Ein Freitag im Februar. Temperaturen unter Null. Es war eine klare Nacht bei abnehmendem Halbmond. Er denkt: Der Halbmond ist für alle da! Dann steigt er in den Wagen, verlässt sich auf seine gute Autobatterie, die den stinkenden Dieselmotor (hoher Feinstaubausstoß) ins Laufen bringt, glüht vor und lässt kurbeln. Unter mächtigem Dreckwolkenausstoß springt der Motor an, und dann fährt er auf der A 44 Richtung Osten, eine kalte Wintermorgendämmerung vor seiner Windschutzscheibe.

Im Sauerland ist es noch glatt, Hänge angeschneit, er hält auf Meschede zu, verlässt die A 46 hinter Arnsberg und verlangsamt das Tempo bei jeder Begegnung mit dem Fluss. In Meschede um acht Uhr morgens ist es Tag, und er steht eine Weile auf der Brücke, unter der die Ruhr in flimmernden Wellenwirbeln schnell vorbeischießt.

Walrossbart macht alles

Er ist einer von den mageren alten Männern, Kettenraucher, magenkrank, er verdient sich gern einen Eu dazu. Er kann das meiste, mauern, putzen, Fliesen legen, Decken abhängen, Rohre verlegen und Badewannen beschichten. Das gibt jetzt ein bisschen Dreck, sagt er und klopft mit dem Zollstock gegen die morsche Wand. Er ist einer von den Alten, die alles machen. Jetzt staubt es halt. Die Flex ansetzen und loslegen, die Kacheln kreischen auf, und er, ohne Mundschutz, sägt fröhlich fort, bis ihm ein schwerer Neuschnee auf dem Schnurrbart liegt. Sie haben ihn billig gekriegt. Er macht alles - für kleines Geld, unter heftigem Kettenrauchen, und wirkt, fast sechzig, irgendwo froh und stolz, das zu tun, was er kann - Duschbecken einbetonieren und solche Scherze.

Das Ostermontagslied

Es war 14 Uhr 07. Vor der Bude an der Ecke standen die üblichen Verdächtigen und tranken Kampf, wobei sie sich in wohlgesetzten Worten unterhielten. Es war Ostermontag und der Feiertag machte den Nachmittag heilig und die Kampftrinker lammfromm, man zeigte Manieren und ließ die Ausländerwitze in der Hosentasche. Eine fremde Trinkerin, eine junge Frau mit grauen Strähnen im Haar, eine Kossovarin, geflohen vor bösen Männern, stand auf einmal dabei mit einer kleinen Flasche in der Hand und begann mit brüchiger Stimme ein Kinderlied aus dem Kossovo zu singen. Es war totenstill vor der Bude an der Ecke, als sie den letzten Ton hervorgestoßen hatte. Die Frau drehte sich um und ging. Die Kampftrinker hoben ihre tränenüberströmten Gesichter der Sonne entgegen, um sie zu trocknen. Dann tranken sie fort. Bald wurde es lauter.

Der Apfel in der Tasche

Ein Mädchen kommt auf dem Bürgersteig, ganz versunken in einem Buch lesend, das es vor sich herträgt. Das Mädchen läuft direkt auf den einarmigen Jungen zu, der gerade nah an der Apfelkiste in der Auslage des türkischen Gemüsehändlers vorbei schleicht, streift ihn fast im Vorbeigehen. Der Junge beachtet das Mädchen nicht, er fühlt den Apfel in seiner Hosentasche und hängt seinen Blick an eine Wolke, während das Mädchen, versunken in einem anderen Jahrhundert, mit hoch erhobenem Kopf und hoch erhobenem Buch aus dem Bild verschwindet.

Die Fee vom Europa-Brunnen

Ein kleiner Junge hatte sich im Strom der Fußgängerzone von der Hand seiner Mutter losgerissen und rannte auf den Europa-Brunnen von Professor J. Schmettau zu. Kevin!, rief die Mutter durch die Fußgängerzone. Kevin! Doch der Junge hörte nicht. Zielstrebig lief er zum Brunnenrand, verharrte dort und starrte versunken ins Wasser. – Mein lieber Junge, sagte eine freundliche Frauenstimme, sage mir, was du am liebsten sein möchtest und es wird Wirklichkeit. – Ich möchte mein Leben lang ein Schlaffi sein, sagte der Junge. Und so geschah es.

S-Bahn fahren

Feierabend. Die Bahn knüppelvoll. Ein Mann kaut Sonnenblumenkerne, spuckt Speichel und Spelzbrei auf den Boden. Sein Nachbar klippt sich die Fußnägel. Hornteile spritzen durch die Luft. Der Schüler mit dem Döner, Knopf im Ohr, sieht nichts, hört nichts und frisst den Nagel mit. Lecker. Drei Männer trinken Bier und singen: Dam dubi dam, am Montag ist schon Wochenend. Einer schreit: Scheiße, das Klo ist kaputt! Ein anderer: Piss in die Ecke! Er macht's. Es stinkt. Eine Frau sprüht Luftverbesserer. Da ertönt die Lautsprecherstimme: Nächster Halt Essen-Eiberg, Ausstieg rechts.

Herr Faselowsky

Seine Gesprächstechnik ist klar. Zu jedem Schnick und Schnack hat er ein »Aber« im Sack. Egal ob Spundwände, Gesundheitsreform oder Bienenstich, er kennt sich aus. Nicht nur zu Haus, auch am Tresen und draußen auf der Straße stellt er die Dinge richtig. Da kennt er nichts. Warenkunde, Bartenwale, Bauernregeln, wer da Scheiße erzählt, und das tun die meisten, der kriegt es mit ihm zu tun. Das lässt er nicht so stehen. Und damit die Leute wissen, wo es lang geht, gibt es gleich noch einen Schlag Gesellschaftskritik oben drauf. Dass keiner mehr zuhören kann heutzutage, das sagt er jedem, ist das Grundübel unserer Zeit. Keiner ist mehr bereit, letzte Lebensfragen zu lösen. Das widert ihn an.

Möhrengenese

Dein Großvater hat keine Möhren gegessen. »Polizeifinger« hat er sie immer genannt. Die kamen ihm nicht über die Lippen. Er wollte Fleisch und Kraut. Mit Kartoffeln. Oder Bohnen. Kartoffeln, grüne Bohnen und Schweinebraten, das war sein Lieblingsgericht. Das konnte er jeden Sonntag essen. Möhren nie. Ich mochte sie auch nicht. Wurzeln sagt man auch dazu. Ich bin doch kein Tier. Ein Armeleuteessen, sagte dein Großvater verächtlich. - Aber ihr wart doch arm damals. - Eben drum. - Deshalb hat Mama uns nie Möhren gemacht. Wir mussten sie immer bei dir essen, wegen der Augen. Damals mochte ich sie nicht. Sven dämpft die Möhren al dente. Sein Möhrentopf ist mega. - Sven? Welcher Sven denn?

Ein froher Schein

Ein ganz normaler Vormittag in Melzer's Coffeebar. Vorne wird Brot verkauft und hinten sitzen die Kalendergesichter mit ihren Tabletts, schlürfen Kaffee Latte und gucken in die Zeitung oder Löcher in die Luft, während sie ins Schinkenbrötchen beißen. In der Ecke plaudert ein Pärchen angeregt in gebrochenem Deutsch, er ein Italiener mit großen braunen, melancholischen Augen, die im Augenblick feurig funkeln, sie eine Iranerin, vielleicht, mit großen dunklen, melancholischen Augen, die gerade lächeln. So zugewandt sind sie einander und beglückt durch die Begegnung, dass ein froher Schein von ihnen in den grauen Freitag glänzt.

Wie die Forelle in die Emscher kam

Schon ungefähr im Jahre achtzehnhundertzweiund-fünfzig setzte der umsichtige Landrat Friedrich von Forell (1811 - 1872) mehrere Exemplare des nach ihm benannten Fisches im Emscherlauf aus. Als Forell die ersten Forellen im Wasser davonziehen sah, erlebte er, so berichtete er noch auf seinem Totenbett seinen Enkeln, zukünftige Bergbauingenieure allesamt, ein ungeheueres Glücksgefühl. Es schien ihm in diesem Augenblick, so versicherte er ihnen, als teilte sich die Kraft seiner Seele - seiner anima, wie er sagte - in raschen, zuckenden Flossenschlägen der geliebten Flusslandschaft mit.

Die Gegend

Am Sonntag verfahre ich mich immer. Sie sprach zu sich. Sah mich nicht an. Der Zug verließ Preußen. Nächste Hoesch. Komm mit, wir feiern. Schon bin ich dabei. Einmal wollte so ein Dreckskerl mich vergewaltigen. Mach die Beine breit, sonst schmeiß ich dich aus dem Fenster. Zwölfter Stock. Mein Kopf schwebte schon draußen. Ich schlug ihm eine Flasche auf den Schädel. Überall Blut. In der Bahn musste ich an Doreen denken, sie war ein Püppchen, wie ein Püppchen so süß, man sah ihr die zweiunddreißig nicht an. Männer zerschnitten ihr Gesicht. Sie verblutete in einem Gemeinschaftsraum, während ihre Blagen sich zu Hause hungrig in den Schlaf weinten.

Drei Schnapsdrosseln

Dieser Ortsname kommt dir nicht korrekt über die Lippen, du formst die Laute vergeblich. Der Speckgürtel. Hier wohnen Betuchte. Es ist 19.35 in diesem Lokal. Der Wirt gibt sich als exzentrischer Sternekoch. Aber wehe, es schmeckt nicht. Man wartet schon seit einer Dreiviertelstunde und er stolziert immer noch wie ein Gockel durchs Lokal. Die drei Schnapsdrosseln am Tresen haben die Wechseljahre längst hinter sich. Schnatternd vertilgen sie Körner, Bier und Zigaretten. Die Tochter der einen kommt rein. Sauer. Sie will nicht mehr auf den Pudel passen. Dann lass ihn hier. Das Tier lässt sich auf dem Boden nieder. Die Tochter geht. Tschö.

Aurora bei Vollmond

Für Ellen

Wir ließen den Mond hinter uns und gingen am Kanal entlang. Es war still um diese Stunde. Wir waren die einzigen Spaziergänger. Aus Erde und Wasser stieg eine erste herbstliche Kühle, die Luft war frisch und feucht und roch bitter nach faulendem Laub. Der Dieselmotor eines sich nähernden Binnenschiffs ließ den Abend vibrieren. Das ist die »Aurora«, sagte ich. Sie kommt aus dem Jahr neunzehnhundertundsiebzehn, Heimathafen Petersburg. Ja, ja, sagtest du und lachtest. Das Schiff kam näher. Wir lasen den Namen im Mondlicht. Es war die »Aurora« aus Rotterdam.

Überwachungsstaat

He, Schnäppchenjäger! Punktesammler! Alter Billigkredithai! Wo hast du deine persönlichen Daten nicht schon überall ausgestreut. Bei diesen und jenen, die dich im Computer haben und deine Konsumgewohnheiten nachstellen, mit Arztbesuch, Sauna und Blumen. Wo du hintelefonierst, weiß jeder. Das ist wie beim Profiler am Abend, wenn eine junge, hochbegabte Polizistin ein Täterprofil erstellt (so eine grässlich zugerichtete Leiche hättest du dir im Traum nicht …), und was musst du hören: Der Mörder trinkt deinen Lieblingswein und trägt deine Boxershorts.

Pille palle

Auf einmal sagte jemand »pille palle«. Es war in der S-Bahn. Er horchte auf. Der Sprecher sprach über eine Jury. Und dann benutzte er das Wort »pille palle«. Sie hatten ihn zurückgewiesen. Sie hatten seinen achthundertseitigen Fantasyroman nicht zu würdigen gewusst - abgekartetes Spiel. Aber es war pille palle für ihn. Er spielte es herunter. Und dann kam das Wort plötzlich überall auf. Alle sagten: Das ist pille palle. Diese Literatur von dem Stuckradt-Barre, das ist doch pille palle. - Meinte er es so? Wusste er, was er damit sprach? Wer weiß genau, was pille palle bedeutet? Bitte schreiben Sie mir.

Aus dem Leben eines Großvaters

Sie war erst acht Monate alt, aber mit der Kommunikation klappte es schon prima. Sie lachte, wenn sie ihn sah und zog an seiner Nase. Das hatte er nicht erwartet, noch einmal mit einem Kleinkind auf einer Decke im Schatten des blühenden Kastanienbaums auf dem Rasen zu liegen und zusehen, wie das Kind Gras ausriss und dabei ein Vergnügen empfand. Sie hat eine kräftige Hand zum Jäten. Sie wird Gärtnerin, hörte er sich zu seiner Geschiedenen sagen. Keine schlechte Wahl. Sie wässerte gerade den Oleander. Hört bloß mit diesem Quatsch auf, sagte ihre Tochter.

Der Herr ist mit dir!

Frau Siebengel fühlte sich erhoben. Nach ihrer Morgenandacht saß sie auf dem Fahrrad und fuhr langsam die Schützenstraße hinauf, um Broschüren zu verteilen. Der ganze Vormittag schien ihr geheiligt. Schon kam ihr ein mühseliger und beladener, trotzdem aber freundlich aussehender Mann auf dem Fußgängerweg entgegen. Darf ich ihnen einen Gedanken überreichen, fragte sie lächelnd im Heranrollen und schwenkte eine Broschüre. Danke, ich habe genug im Kopf, sagte Herr Schmonz und ging weiter. Der wird schon sehen, was er davon hat, dachte Frau Siebengel und trat wütend in die Pedale.

Monte Veritá

Etwas Besseres als eine Festanstellung finden wir allemal, sagte die Bürgermeisterin zur Eröffnung des Symposions »Nomadische Existenzen« und zitierte damit das Credo eines Vagabunden. Ein Vagabund. Obsoletes Wort. Mit seinem Inhalt verschwand der Typus, den es bezeichnet. Das Lumpenproletariat als »Fleur« der Entrechteten. War das O-Ton Bakunin? Welch eine Verklärung. Und der Bohemien mit der Blume im Knopfloch. – Straße zu den Sternen.
Es gibt Menschen, die können nicht anders. Die ertragen keine Hierarchien. Sind stolz, unabhängige Menschen, die Gott in die Fresse rotzen. Das muss nicht sein. Es gibt weichere Wege: immer gehorsam, um schneller zu entschlüpfen. Tabletten und Drogen sind die Begleiter. Chaotische Zustände. Aber frei. Die anderen sitzen auf fetten Stühlen. Hören dauernd das Lied vom lustigen Vagabunden und lachen über Michel Simon, wenn er als Boudu aus dem Wasser gerettet wird. Oder im Remake. Tja, eine lustbetonte, faunische Existenz sein... Etwas Besseres als den Tod finden wir überall, sagte der Esel zum Hund.

Morgenstund'

Und dann muss ich mir morgen noch die Karte ansehen, sagte Frau Schnurps im RE zwischen Bochum und Wattenscheid, um zu sehen, wo das überhaupt ist, das weiß ich nämlich nicht, wie ich da hinkomme, weil mein Mann mich nicht mit dem Wagen hinbringen kann. Frau Prütt-Ellinghaus raschelte ungeduldig mit ihrer Zeitung. Es soll ja schön gelegen sein. Aber ob es wirklich so schön ist, wie alle sagen, ich weiß ja nicht. Ja, sagte Frau Prütt-Ellinghaus und schlug ihre Zeitung auf. Auf jeden Fall gibt es erstmal einen Imbiss, wenn wir eintreffen. Der soll sehr gut sein, habe ich gehört. Vom Feinsten: mit Rührei, Spiegelei und pochierten. Ich hoffe ja, dass sie keinen Kaffee servieren. Kaffee vertrage ich nämlich nicht mehr seit meiner Operation. Frau Prütt-Ellinghaus schluckte. Aber Kuchen könnte es von mir aus schon geben, sagte Frau Schnurps. Schade nur, dass ich meinen Hund nicht mitnehmen kann. Er ist noch so klein. Hoffentlich hält er es ohne mich aus. Da zerknüllte Frau Prütt-Ellinghaus ihre Zeitung und stopfte sie Frau Schnurps vor aller Augen in den Mund.

Netter Gasableser

Hallo, ich komm von den Stadtwerken und wollte mal eben kurz den Strom und das Gas ablesen. Hereingebeten ergreift ein erregender Kräuterduft seinen Geruchssinn, Schwaden im Raum, was schwelt denn da im Rauchverzehrer, und er liest erstmal den Stromverbrauch ab und schon ist die kleine alte Frau vorgeschnellt, hat ein kleines Leiterchen auf den Flur gestellt, vor den höher liegenden Gaszähler. Danke, danke, das ist nicht nötig. Aber wenn Sie darauf bestehen, werde ich die kleine Leiter besteigen und die Anzeige noch einmal von oben beäugen: Was sage ich, genau die gleiche Zahl, die ich schon von unten gesehen habe. Oh, sagt die Oma. Da haben sie aber gute Augen. Ja, damit wäre mein Auftrag erledigt. Auf Wiedersehen, sagt die alte Dame. Kommen Sie gut nach Haus!

Große Pause

Der Vormittag erreicht seinen Ruhepunkt um neun Uhr sechsundzwanzig. Starke Sonnenstrahlung bleicht die Küchenkissen aus. Selbst die Vögel zwitschern um diese Stunde nur wie im Schlaf. Die Anwohner gehen in sich und fangen an zu träumen. Noch sieben Minuten bis zur Großen Pause.
Sägende Klingel. Noch hört man die Vögel zwitschern. Ein Schwall von Zurufen aus der Schultür: Nein! - Nein! - Halt! - Nein! - Hier! Die hibbeligsten Jungen zuerst. Sie werfen mit Steinen in die Baumkrone, aber nur kurz. Mädchen spielen Seilspringen. Ein Mädchen kämmt einem anderen Mädchen das Haar. Schnell baut sich eine Klangglocke voller Kinderenergie über dem Schulhof auf.

Dangerous Days

Tage wie Streichholzschachteln, die falsch herum aufgezogen werden. Die Streichhölzer liegen auf dem Tisch verstreut und orakeln die Zahl der künftigen Missgeschicke. Die Tücke des Objekts ist die Nummer eins im Unglücksfallen-Potpourri. Dies alles wird eintreten: verlegt, vergessen, verloren, Hand verbrüht, gegen Tür gelaufen, Blechschaden, Fuß verstaucht, geschnitten. Schlüssel verloren. Pin-Code vergessen. Da hilft das Wissen wenig, man selbst teilt den Objekten die Tücke zu: durch Lieblosigkeit, Unaufmerksamkeit und Gleichgültigkeit.

Trinkhalle, nachts

Er hat am längsten offen, bis halb eins, eins manchmal. Die am längsten offene Trinkhalle im Umkreis von fünf Straßen. Der Inder ist Tamile. Er schläft in seiner Kleidung auf der Pritsche im Hinterraum. Wenn jemand klingelt, steht er auf, geht nach vorn und öffnet das Fenster. – Ja, bitte? – Haben Sie Hundefutter oder Katzenfutter? Die dürre junge Frau streicht nervös durch ihr Haar. – Hund oder Katze? – Eigentlich Katze. – Habe ich, sagt der Tamile. – Dann Katzenfutter. Und während sie nach Hause geht, um sich eine Dose Essen warm zu machen, legt er sich wieder auf die Pritsche, um von einem kleinen Marktstand in Pondicherry an der Coromandelküste zu träumen.

Mutter, die Pflegestufe ist nicht bewilligt!

Sie ist über vierundachtzig und schon ganz schön stümperig. Aus dem Krankenhaus ist sie entlassen. Nun bringt der Sohn sie in die eigene Wohnung zurück. Kauft ein, wäscht eine Maschine Wäsche. Sie macht Kartoffelbrei und Fleischbrötchen. Darauf hat sie schon einen Heißhunger, seit sie ins Krankenhaus kam. Doch mittendrin verlassen sie die Kräfte. Sie muss sich hinsetzen. Die Fleischbrötchen verbrennen in der Pfanne. Rauch steigt auf. Der Sohn kommt herein. Begrenzt den Schaden. Mutter, sagt er, sie haben die Pflegestufe nicht bewilligt. Wir müssen uns etwas überlegen.

Erscheinung am Nachmittag

Er hatte es schon von anderen gehört, aber nie einen gesehen. Er glaubte, es handele sich um amorphe Gebilde, in die eine launige Phantasie etwas hineingedeutet hatte. Bis zu jenem Nachmittag, als er auf seinem Balkon saß und dieser gigantische liegende Wolkenengel vorbeisegelte, groß wie ein Häuserblock, die Beine an der Brust angewinkelt, gewaltige Schenkel, die Arme nach vorne gestreckt, dazwischen der riesige, stumm schreiende Kopf. Er wusste, dass es eine Wolke war und kein gigantischer liegender Engel, und doch war dieser liegende Engel in seiner Qual der wirklichste Engel, den er jemals gesehen hatte. Er erschauerte. Wie klein ich bin, dachte er. Wie klein, fest und erbärmlich.

Trance Airways 2 Balconia

Sagt er: Du Urlaub wo? Ich so: Immer nur ein Ziel, immer ganz billig, ganz schnell, ohne Warteschlange und Ärger an der Gepäckausgabe, nix Taschendiebstahl, Vogelgrippe und Legionellen, immer Trance Airways 2 Balconia, ohne Flughafengebühr. Schön im Unterhemd unter der Markise sitzen, Füße in der Wasserschüssel, kein Schlafzimmer über dem Bandstand. Tasse Kaffee, Stück Pflaumenkuchen mit Sahne und hinterher eine kalte Flasche Bier und einen Korn zum Vorwärmen. Die Stange Zigaretten immer im Hintergrund. Doch das war früher. Heute nur noch Sangria und Gesundheitszigaretten. Aber: Happy hour all day long. Bis der Abend sein scharlachfarbenes Tuch über den Himmelsausschnitt zieht und man alle Sterne doppelt sieht. Das ist für mich die Number One.

Schnoopzeug muss sein

Sie wohnte nun die längste Zeit ihres Lebens in Lünen und sagte immer noch Schnoopzeug, wenn sie Schnuckerkram meinte. Sie konnte nicht laufen. Ihr Sohn musste einkaufen. Die ganze Zeit, während sie auf die Rückkehr des Sohnes wartete, war sie wütend auf sich selbst, weil sie vergessen hatte, Schnoopzeug auf den Zettel zu schreiben. Der Sohn, der ebenfalls im Norden seine Sprache lernte, packt die Sachen aus und sagt: Und hier ist noch Schnoopzeug, Mutter. Eine Tafel Markenvollmilchschokolade, Kekse und … - Oh, Keschunüsse, sind die auch für mich? - Wenn du sie willst, sagt der Sohn, der die Nüsse für sich gekauft hatte, in der Annahme seine alte Mutter hätte kein Interesse mehr daran, Nüsse zu beissen. Ach, und die Erdnüsse und das Studentenfutter kannst du mir auch hier lassen. - Klar, sagte der Sohn, Schnoopzeug muss sein. Und Schnuckerkram auch.

Autoradio auf der B 54

Was sagt er? Die Nierenkrebsrate auf dem Balkan ist im Europavergleich extrem hoch. Von Kroatien über Serbien und Mazedonien bis nach Bulgarien sterben die Bauern an Nierenkrebs. Niemand weiß warum. – In Belgien wird eine Schar von Frauen, die sich einer Schönheitskur unterzogen hat, von Nierenkrebs befallen. Sie hatten eine Osterluzeikur gemacht. Motto: Schöne Blumen machen schöne Frau. Doch die Osterluzei ist giftig. Die Aristolochia clematitis wird auf dem Balkan nicht medizinal genutzt, aber sie wächst auf den Feldern zwischen dem Weizen, aus dem die Bauern Brot backen. Ein paar Samenkörner reichen, um einen Sack Mehl zu vergiften. Natürlich informierte der amerikanische Wissenschaftler, der dies entdeckte, die entsprechenden Stellen in den betroffenen Balkanländern. Die dortigen Behörden hüllen sich bisher in Schweigen.

Du kriegst die Tür nicht zu!

Annuschka ist dreizehn. Und sie kann keine Tür richtig zu machen. Behält die Klinke heruntergedrückt in der Hand und knallt die Tür mehrmals hintereinander wütend in den Rahmen, weil die blöde Tür nicht ins Schloss fallen will. Das glaub ich doch nicht, dass die Tür nicht zugeht. Knall. Knall. Was würde Siegmund Freud zu diesem Verhalten sagen? - Was macht man, wenn die Tür nicht ins Schloss fällt, das dauert, bis Annuschka ungeduldig die Klinke loslässt und endlich Ruhe ist? Und das mehrmals am Abend. Wenn sie runter zu ihren Freundinnen geht, um laut Avril Lavigne zu hören, trommelt sie im ersten Stock wild gegen die Wohnungstür von Charlene und Darlene, wütend darüber, dass sich so eine blöde Tür zwischen sie und ihre Freundinnen stellt.

Kulturelle Balkongrenze

Eine Herde Männertreu, blaue Gesichtchen, weiße Augen, tobt auf die Glockenblume zu, die ihre letzten müden Blüten in Richtung Sonnenaufgang streckt, nicht ahnend, was hinter ihrem Rücken geschieht. Der Heliotrop, ein Flop, zwei Euro und schon braun, die Blüten total trocken, bis auf zwei, drei violette Sprenkel, die kaum noch duften, eine eingenommene Festung. Diese Blumenkastenspätsommerschlacht wird auf dem Balkon der Schmitullas geschlagen, woran die Besitzer zur Zeit keine Freude haben, weil sie vierzehn Tage in Antalya weilen. Gegenüber bei den Özdemirs stehen auf dem Balkon Pappdeckel von gekauften Elektroprodukten an der Wand und mit Undefinierbarem gefüllte Plastiktüten. Türken mögen keine Balkonpflanzen, vielleicht weil sie glauben, dass die Balkonpflanzen eine Erfindung der Kartoffeln sind, um sich dahinter zu verstecken, vielleicht aber auch nur, weil sie es einfach blöde finden, sich Gestrüpp vor den Gitterbalkon zu hängen.

Oh, die Buschwindröschen!

Oh, die Buschwindröschen blühen! Oh, wie schnell sind sie verblüht. Er hatte eigentlich keine Lust, raus zu gehen, dachte aber dann, nächste Woche ist zu spät und zog die Schuhe an. Im Blücherpark schaukelte ein türkischer Opa seine Enkeltochter. In der Kleingartenanlage Hafenwiese saßen vier achtzigjährige Frauen auf der Bank. Ihr seid mich fremd geworden, sachte ich zu meine Enkels, sagte die eine und die anderen nickten. Und dann im Fredenbaumpark: Diese weißen Polster, diese Pulks, diese runden Pflanzengemeinschaften, Gruppen, die sich annähern, bis sie hinten einen weißüberblühten Parkboden zeigen. Oh, diese süßen, weißen Blütchen! Oh, Andy Warhol, warum hast du keine Siebdrucke mit Buschwindröschen gemacht!

Glückskatze

Als er von einer Bekannten erfuhr, dass dreifarbige Katzen Glückskatzen sind, war er noch glücklicher mit seiner Katze. Sie war schwarzorange mit weißem Brustlatz und weißen linken Hinter- und Vorderpfötchenspitzen. Das Gesicht war durch eine strenge Mittelachse getrennt, auf der rechten Seite sah sie aus wie Michelle Pfeiffer als Cat Woman, auf der linken wie Nicole Kidman mit Sommersprossen. Es war erstaunlich, seit er die Katze besaß, oder sie ihn, waren die heftigen Depressionen, die ihn des Öfteren gequält hatten, ausgeblieben. Nicht dass die Katze seine Lebensabläufe sonderlich beeinflusst hätte, nun ja, das Katzenklo musste er jeden Tag säubern, Futter geben und Wasser. Ein paar Handgriffe mehr. Man kümmert sich halt. Aber es war ein Wesen da, das neben ihm schlief, wenn er sein Powernäppken hielt. Und er konnte seinen täglichen Liebesüberschuss ableiten. Ein Mensch, dachte er, hat Hände zum Streicheln, wenn er sie nicht dazu braucht, verkümmert er.

Auf Wiedersehen, Frank!

Gerade noch rechtzeitig bevor der Gewitterschauer niederprasselte, erreichte ich das Café. Andere hatten ebenfalls dort Unterschlupf gesucht. Vorn am Kuchentresen stand ein alter Mann mit seiner Tochter, der Enkelin und dem Urenkelkind. Dich hab ich doch schon mal irgendwo gesehen, sagte der Alte zu mir. Kann schon sein. Strahlend streckte er mir seine Hand entgegen. Ich bin Frank. Ich nannte meinen Namen und wir tauschten einen kräftigen Händedruck. Ich bin zum ersten Mal in diesem Café, sagte ich. Ich auch, sagte er. Dann ist das ja ne Weltpremiere für uns beide, sagte ich. Er freute sich wie ein Schneekönig. Opa, komm gezz! Die harsche Stimme seiner Enkelin ließ den Schimmer auf seinem Gesicht erlöschen. Sie zogen ihn von mir weg und setzten sich in die hinterste Ecke. Als ich Kaffee und Kuchen verzehrt hatte, das Gewitter war vorüber, verabschiedete ich mich von meinem neuen Freund, ohne seine missgünstige Mischpoke eines Blickes zu würdigen.

Beingeschichte

Kennst du den aus dem ersten Stock noch, der immer im Fenster hing und mit jedem quatschte, der vorbeikam? Der stank doch so bestialisch. Ich hab ihn gestern noch gesehen. Einmal, als ich gerade nach Hause komme und aus dem Auto steige, sagt er zu mir, weißt du schon, dass dein Moped geklaut ist? Mein nagelneues Moped. Er hatte gesehen, wie sie es wegtrugen und aufluden. Er konnte ja nicht mehr laufen. Statt die Bullen zu rufen, kuckt er den Dieben nach.
Jetzt ist er weg. Im Krankenhaus. Beide Beine mussten sie ihm abnehmen. Weil ihm die Socken ins Bein gewachsen sind. Hab ich an der Bude gehört. Ja, so kann's gehen.

Futter im Frühling

Es war Frühling in der Nordstadt. Die Jacken gingen auf. Futter ging mit seinem Hund spazieren. Er hatte sich angewöhnt, auf seinen Spaziergängen eine Scheibe trocken Brot bei sich zu tragen, davon abzubrechen, sich Brotstückchen in den Mund zu schieben und darauf herumzukauen. Es war billig und gefiel ihm. Schnell kriegte der Hund spitz, dass sein Herrchen da oben Schmandies einwarf. Er sprang ans Hosenbein und bettelte. Seitdem kauen beide, Herr und Hund, in der Märzensonne auf Brotstücken herum, wenn sie ihren Nachmittagsspaziergang durch den Blücher-Park machen.

Die Rosenzüchterin

Als Kind hatte sie im Fernsehen den Film *Rosenresli* gesehen. Und dann mit Omma und Oppa immer durch das Rosarium im Westfalenpark. Seitdem brauchte Roswitha bloß Rosenwasser riechen, schon blühte sie auf. Rosen waren ihr ein und alles. Selbst Robert hatte sie nicht von den Rosen fernhalten können. Der Ärmste! Nun ruhte er im Erdenreich und gab den Rosen Kraft. Roswithas Rosenstöcke gediehen prächtig, die Blätter waren voller Saft und überall sprossen neue Zweiglein hervor. Doch Roswitha war auf der Hut. Zeigte sich ein geiler Trieb, so schnitt sie ihn - schnipp schnapp - schnell mit der Rosenschere ab. Das alles natürlich nur, um eine duftschwere, fluffige Blüte zu erreichen.

Kommunionkinder

Du bist doch der Liebling gewesen, du hast das Gleichnis mit den Nüssen geknackt. Kannst du es noch einmal erzählen? Du meinst das mit dem Einsiedler, der für jedes Gebet eine Nuss ins Fass warf und am Ende seines Lebens nachguckt und merkt, nur drei Gebete in seinem Leben waren Nüsse und der Rest taub? Wen interessiert's. Ich habe ein neues Handy von meinem Patenonkel bekommen! Eingebildeter Affe! Jetzt hört doch mal auf zu streiten. Kommt zur Sache. Was machen wir mit der Kohle, die uns die Verwandten zugesteckt haben? Tokio-Hotel-Konzert! Gähn. Ey, wir kaufen Alkohol! Klasse Idee. Wird gemacht! Wir kaufen Alkohol. Und feiern in der Bauruine ab. Yo!

Die erste Zigarette

Es überraschte Holger am Nachmittag. Er ist sieben Jahre alt und sein Freund Josef sagt, komm, hab ich von meinem Onkel, und hält ihnen die Glimmstängel hin. Ludger Buntekötter ist auch dabei. Und schon haben sie Zigaretten in der Hand und zünden sie an. Aber es ist kalt und windig. Die Streichhölzer gehen immer wieder aus. Doch dann: Lässig paffen sie. Cool. Obercool. Aber Holger hat inhaliert, er spürt plötzlich einen Schlag in der Lunge, ein Atemstillstand, ein Gefühl, das ihn schwindelig macht, seine Knie werden weich, die Welt dreht sich in einem süßen Schmerz, er verliert die Kontrolle, das Gebüsch wird zum Irrwisch, die Gesichter schleudern um ihn herum, ohnmächtig fällt er zu Boden. Seitdem ist Holger Raucher.

Am Baggersee

Benedikt (15 J.) konnte nicht wissen, dass ihn dieses Bild sein Leben lang begleiten würde. Am Baggersee war der Teufel los. Ein Hubschrauber holte einen Hyperventilierten ab. Doch das rührte sie nicht. Sie waren jung und wollten tauchen. Bis Benedikt Creamhild sah. Sie war dreizehn und stand in ihrem einteiligen Badeanzug wie eine Birke im Sonnenlicht. Sein Herz blieb stehen und klopfte augenblicklich wild drauf los. Der Anblick dieser reinen Schönheit trieb ihm Tränen in die Augen. Doch da ist schon ein älterer Mann an ihrer Seite, ein vierundzwanzigjähriger, verheirateter Kundenzeitungsjournalist. Und der Schmerz, Jahre später, als Benedikt erfährt, dass genau dies der Tag war, an dem Creamhild ihre Unschuld verlor.

Kunstraub in Gelsenkirchen

Diese Geschichte erzählte mir ein Gelsenkirchener Urgestein im Haus Nordhelle in Meinerzhagen am Abend beim Bier. Und sie ist wahr, dafür würde ich sogar meine linke Hand ins Kaminfeuer legen. Zeigt sie doch deutlich die Anteilnahme, das Interesse am anderen, die Gesprächsfreudigkeit, ja die ganze nicht unbeträchtliche kommunikative Kapazität des Ruhrstadtbewohners. Einige Tage vor unserem Treffen Anfang August des Jahres Zweitausendacht hatten Kunstdiebe in der Gelsenkirchener Galerie ein Ölbild von Emil Nolde abgehängt. Es gab keine Alarmanlage. Zu teuer. Als die Diebe mit dem gestohlenen Bild aus dem Haupteingang stolzierten, nickte der Pförtner den beiden freundlich zu und sagte: Wo habt ihr denn das schöne Bild her?

Der Schließfach-Schläfer

Der Angeklagte muss sich wegen Hausfriedensbruch vor Gericht einfinden. Rund zweihundert Anzeigen hat er vom Bahnpersonal erhalten. Wieder ein Mike auf der schiefen Bahn. Der kokain- und heroinabhängige, HIV-Positive und hepatitiskranke schmächtige junge Mann zwängte sich nachts immer wieder in Schließfächer, zog die Beine an, ließ die Tür einen Spalt offen und schlief ein. Wieder und wieder zerrten ihn Sicherheitskräfte der Bahn aus einem Schließfach. Er kann nicht ins Gefängnis, neun Monate steht er nicht durch, er will nicht in die Entziehung, er weiß, das schafft er nicht. Der Richter beschließt, den Angeklagten psychiatrisch untersuchen zu lassen. Vielleicht ist er nicht schuldfähig. Dann kommt er in eine Psychiatrie. Das wäre seine letzte Chance. Viel Glück, Mike, rufen ihm die Sicherheitsbeamten der Bahn nach, als er aus dem Saal geführt wird.

Oder geführte Meditation

Für die Gesellschaft war er verloren, das sagte er selbst. Eine geregelte Arbeit konnte er sich nicht mehr vorstellen. Dazu war er spirituell schon zu weit draußen. Er sagte, Heilen hat mit persönlicher Reife zu tun. Seine ersten Reiki-Kunden waren allerdings eine Enttäuschung. Null Besserung. Sie waren noch nicht offen gewesen. Ich arbeite inzwischen mit Schutzengel, sagte er. Habe eine Menge Karteikarten. Du schilderst dein Problem, ziehst eine Karte und wir stärken mit der dort dargestellten Methode deine Selbstheilungskräfte. Die Blockaden zu lösen, das ist das Geheimnis. Mit Kunden war es zur Zeit zwar noch mau, aber er wusste, eines Tages würde die Tür für ihn aufgehen.

Hundewunder

Für Jutta

Immer, wenn er mit seiner Ex unterwegs war, gab es Chaos. Sie hatten Uropas Fahrrad abgeholt. Weil er nicht mehr damit fuhr. Und weil es einen neuen Schlauch brauchte und einen neuen Mantel, fuhren sie noch schnell beim Fahrradhändler vorbei. Weil ihr neuer, junger Hund nicht auf die Straße laufen sollte, musste er im Wagen bleiben. Wild sprang er darin herum und löste die Sicherheitsverriegelung aus. Der Autoschlüssel steckte im Schloss. Keine Chance, die Türen zu öffnen. Zum Glück kam ihr Cousin mit seiner Frau im Auto vorbei. Seine Ex fuhr mit ihnen nach Hause, um den Zweitschlüssel zu holen, der aber, wie sich nachher herausstellte, in der Handtasche lag, die im Auto war. Er blieb bei dem verschlossenen Fahrzeug und als sie losgefahren waren, sah er den Hund an und sagte: Play it again, Sam! Der Hund hieß zwar Anton, aber er machte es trotzdem. Er löste die Verriegelung. Als seine Ex nach vergeblicher Schlüsselsuche mit dem Cousin und seiner Frau zurückkam, fanden sie ihn auf dem Fahrersitz, wie er dem Hund gerade »Casablanca« erzählte.

Hallo, Herr Lorenz!

Er saß vorm »Wok-Man« an einem Tisch in der Fußgängerzone über einem dampfenden Teller mit Fleischbällchen und Süßsauersauce. Gerade war eine SMS eingegangen und er fingerte an seinem Handydisplay herum, um zu antworten.
Hallo, Herr Lorenz! Der junge Mann, der vor ihm am Tisch stand, trug neue, saubere Kleidung und wirkte heiter und erfreut, ihn wieder zu sehen. Ach, Achim, sagte Herr Lorenz. Michael, sagte Achim und lachte. Achim kommt auch gleich. Was macht ihr hier, fragte Herr Lorenz. Wir arbeiten gleich um die Ecke in einer Agentur. Ich bin System-Analyser. Wenn ich damals nicht so oft gefehlt hätte, um andere Erfahrungen zu machen, wäre ich nicht so weit gekommen. Achim stieß dazu. Hallo, Herr Lorenz! Ihr wart ein wilder Haufen, sagte Herr Lorenz. Und wie läuft's bei Ihnen, fragte Michael. Ich coache jetzt freiberuflich, sagte Herr Lorenz und stieß sich einen Fleischball mit Sauce in den Mund. Er konnte ihnen nicht sagen, dass er die Stelle verloren hatte.

Nordstadtmorgen

Es war ein ganz normaler Vormittag in der Woche. Aber es war Sommer. Zwei junge Frauen, aufgebrezelt wie Weihnachtsbäume, nagelneue Fingernägel und alles, Kaffeebecher in der rechten Hand, Zigarette in der linken, giggelten durch die Lessingstraße. Der Kaffee mit Mariacron gewürzt. Sie wollten was erleben. Das sah man sofort. Aber was? Die Hagere hatte eine klasse Idee. Die kleine Runde giggelte. Dann bildeten sich zwei Falten neben ihrer Nasenwurzel. - Aber wo parken wir die Kiddies?

Kein Sommer für den Horstmarer Stausee

Es hat Jahre gegeben, da war es am Abend so warm, ich wollte nichts anderes, als mich ins Auto setzen und über den Borsigplatz auf die Brackeler Straße bis Ausfahrt Brackel, Flughafenstraße links und hinter dem großen weißen Haus durch die Felder bis nach Lünen hinter der S-Bahnstation Lünen Süd auf den Parkplatz fahren. An der Halde vorbei und am liebsten schon im Laufen die Kleider vom Leib gerissen und dann eintauchen in den Horstmarer Stausee. Erstaunlich, wie wenig Menschen in den See hinausschwimmen, sie bleiben am Ufer, werden kleiner und der Lärm ist nur noch ein gedämpfter, ferner Tumult. Das kühle Süßwasser macht ein wohliges Gefühl, die Bewegung durch die schwere Flüssigkeit ist angenehm, ebenso die Entfernung von der Masse, die einen größeren Naturraum öffnet, denn hier ist nur noch Wasser und Himmel und das Bewusstsein schwimmt irgendwo dazwischen.

Djemaa el Fna

Der Platz vor der Joseph-Kirche an der kleinen Münsterstraße ist meine Djemaa el Fna, mein Marrakesch der Düfte, Kleider, Sprachen, Gesten und Blicke. Ein echter Knotenpunkt der Codes, wie mein Nachbar, der Architekturstudent sagt. Auch ihm gefällt der mannshohe goldene Buddha (die chinesische Variante: der Dicke mit dem Bauch) neben der Eingangstür des Shisha-Cafés. Er ist aus Plastik und vorsichtshalber angekettet. An diesem ersten warmen Septembertag sitzen Leute auf den Bänken, strecken ihre Gesichter in die Sonne. Zwei ältere Türken gehen untergehakt vorbei, Herzensfreunde, sie tragen die gleichen Schuhe aus auberginefarbenem Leder. Pampersrocker rennen hinter Tauben her und werden von alten Männern mit Gebetsketten abgefangen, wenn sie versuchen, auf die Straße zu entwischen. Direkt hinter uns vor dem Billigkleidungsladen streitet sich ein kenianisches Paar. – Ich habe dir ein Geschenk gebracht. – Dein Geschenk hat mich wütend gemacht! – Als der Vater sich hinkniet, um dem Säugling in der Karre die Flasche zu geben, machen sie Pause. Dann streiten sie weiter. Das geht schon seit Stunden. Und ich geh jetzt auf einen Pfefferminztee zu Haroun und Mahmoud. Vielleicht haben sie eine Dorade auf dem Grill.

Aztekentempel

Du steigst in die S 2, in das herunter gekommene Nahverkehrsabteil, und fährst über Castrop-Rauxel und Wanne-Eickel nach Gelsenkirchen Hbf. Und brauchst dann auch nicht den Bus zu nehmen, du bist in fünf Minuten selber da. Der Wissenschaftspark ist den Einwohnern kein Begriff. Aber, Augen auf, er ist ausgeschildert. Da siehst du schon das Lotosbecken, in dem sich die Fenster des Glaskastens spiegeln, Solarzellen auf dem Dach, automatische Temperaturregulierung. Auch wenn du den Garten von Prigann nicht findest, die Tore aus großen Stämmen, auf denen Bunkerbrocken lagen, so gelangst du doch zum Schneckenaufgang am Fuß der Halde Rhein-Elbe. Nun steigst du aus den Niederungen des Ruhralltags spiralförmig ans Licht. Und siehst das grüne Laubmeer der großen Ruhrcity unter dir und den gewaltigen, aus Brocken gesprengter Bunker aufgetürmten Aztekentempel vor dem blauen Himmel.

Klappt doch!

Na, junger Mann, sagte die alte Bordsteinschwalbe, sind wir heute auf etwas aus? Der graue Zausel verschluckte sich fast an seinem Kräuterbonbon. Wie meinen Sie das? Na, wegen dem roten Hemd. Sie wissen schon, Frauen mit roten Schuhen und Männer mit roten Hemden ... Öh, ich hatte heute Morgen die Wahl zwischen einem baugleichen Hemd in hellblau und diesem. Ich dachte zur olivgrünen Hose passt besser das rote. Aber wenn Sie das so sagen: Vielleicht hat mir mein Unterbewusstsein ein Signal gegeben. Also, trinken wir einen Kaffee zusammen? Das, öh, ließe sich einrichten. Schon stöckelte sie mit ihren roten Pumps neben ihm her.

Wabash Blues

Ein spätsommerlicher Samstagnachmittag im September. Die Grauköpfe auf der Bühne unter den Bäumen im Innenhof sind die Riverboat Jazzband. Klassische Besetzung: Klarinette, Trompete, Posaune, Kontrabass, Banjo und Schlagzeug. Ein etwa zehnjähriger mongoloider Junge sitzt auf dem Bühnenrand, direkt neben dem Schlagzeug, und staunt den Mann an, der mit so wenig Körperbewegung so viel Lärm aus dem Teil kriegt. Zwei ältere Down-Syndromer, ein Mädchen, sich seiner Reize schon bewusst, und ein Junge, tanzen einen wilden Grotesktanz und lachen sich dabei Kringel in den Bauch. Es gibt Bratwurst und Bier und Stände mit Gemüse, Honig und Käse aus eigener Herstellung. Es ist das jährliche Hoffest des Pädagogischen Sozialen Zentrums Gut Königsmühle. Menschen sitzen unter den Bäumen oder in der Sonne und genießen Wurst und die warmen Sonnenstrahlen. Es ist ganz friedlich in diesem Augenblick. Und der Posaunist singt: Life can be so sweet on the sunny side of the street.

Aber er kommt nicht

Henri sitzt im Garten des Gasthofs »Schmiedingslust« in der Sonne und gönnt sich gerade einen tiefen Schluck der wohlschmeckenden Hopfenkaltschale, da sieht er über dem Glasrand das ungleiche Paar näher kommen. Die Jüngere schaut bekümmert drein. Natürlich sind wir früher immer zusammen ausgegangen, sagt die ältere Frau, die mit ihrer Begleiterin eilig durch den Fredenbaum spaziert. Damals als Karin noch lebte und mein Hansi. Wir sind zusammen verreist und haben zusammen gefeiert. Aber nun sind sie beide nicht mehr. Ich hab ihn zum Essen eingeladen, sein Lieblingsessen gekocht. Er sagt nicht ja noch nein, er kommt einfach nicht. Ich sag immer zu ihm, du siehst Tatort, ich seh Tatort, komm doch mal rüber. Aber er kommt nicht.

Erscheinung am Vormittag

Kannst du wieder nicht hörn! Muss ich dir erst dein Aaschi versohln, sagt die Frau mit dem verlebten Gesicht und der immer noch guten Figur zu ihrem Rehpinscher, der ohne auf sie zu warten über die Straße gegangen ist. Der Rehpinscher steht auf zitternden Beinchen vor ihr und sieht sie mit großen Augen an. He, dich kenn ich doch, ruft sie dem federnden Schritts herannahenden Jungmann zu. - Hö? - Na, weißt du nicht mehr, bei Mike damals oder hieß er Nils? - Kann schon sein. Er grinst und betrachtet sie und den Rehpinscher genau, während er vorbeigeht. Da sieht sie, dass der Jungmann Flügel hat und ihr Schutzengel ist. Sie schluckt. - Nicht böse sein, ruft sie hinter ihm her.

Ich bin Katzenhaarallergikerin

Es ist nicht etwa so, dass Ute viel darüber nachgedacht hätte, sie begann von ihrer Katzenhaarallergie zu reden, obwohl sie sie nur vorgeschoben hatte, um das hässliche Katzenjunge nicht in Obhut nehmen zu müssen. Alle, die dabei gewesen waren, fragten später: Wie war es bei Marcel? Du hast doch eine Katzenallergie. Er sperrt die Katze ins Klo, wenn ich da bin, sagte sie, obwohl sie bis dato überhaupt keine Ahnung davon gehabt hatte, dass Marcel eine Katze in seiner Wohnung hielt.

Russin mit Strohhut

Leo sah sie im Bahnhof mitten im Gewühl. Sie trug einen Strohhut und schien in der eiligen Menge zu schlendern. Was ihrer Erscheinung etwas Anmaßendes gab. Eine ältere Frau, mit scharfem Profil, klaren Augen und kindlichem Eigensinn. Er dachte sofort an alte russische Filme und Schauspielerinnen mit Strohhüten im Birkenschatten. Wenn die Kraniche ziehen. Er hatte geweint, als er diesen Film sah. Vor seinem inneren Auge tauchte eine halbnackte Frau auf, die sich summend in einer Schüssel wäscht, während ihr Mann mit zerknittertem Lächeln leise Akkordeon spielt. Leo verliebte sich sofort in diese Dame, die mit Strohhut in der Menge durch die Halle des Dortmunder Hauptbahnhofs schlenderte.

Treppe nach Teotihuacan

Etwa eine halbe Autostunde von Mexico City entfernt liegt Teotihuacan, eine Ansammlung aztekischer Pyramiden, von denen ich eine vor Jahren bestieg. Zweihundertachtundsiebzig Stufen. Genau wie jetzt, da ich dieselbe Zahl an Stufen an der Deponie Huckarde hinaufsteige in den blauen Herbsthimmel. Da rüttelt ein kleiner Raubvogel (im Bestimmungsbuch nachsehen). Das Jauchzen der Mountain Biker erklingt um mich herum, und das Knacken ihrer Knöchelchen. Unter mir liegt Deusen zwischen herbstlich sich färbenden Bäumen. Da hinten die Skyline von Dortmund mit ihren sieben Wolkenkrätzerchen und ihren lieben Kirchtürmlein. Der Ikea-Schuppen auf der Ellinghauser Halde ist so groß, dass man ganz Deusen darin unterbringen könnte. Ein langer Güterzug fährt über die Brücke über den Kanal durch die Herbstlandschaft, während mir die Wolken über Mexiko durch den Kopf ziehen.

Hagen von Tronje

In den neunziger Jahren klapperte er auf seinem rostigen Drahtesel durch die Asphaltwege der Kleingartenanlage Hafenwiese oder drehte seine Runden um die Fontäne im Fredenbaum. Ich nannte ihn Hagen von Tronje. Sommers wie winters trug er eine braune, lederne Pilotenkappe, seine Hosenbeine hatte er mit Einmachgummiringen vor der Verschmutzung durch die gut geölte Kette geschützt. Seine Miene war abweisend, sein Blick in die Ferne gerichtet. Er fuhr mit Musik. Mit Leukoplast war das Transistorgerät an den Lenker geklebt. In einer glücklichen Stunde hatte er eine Radiostation gefunden, die Tag und Nacht Wagner spielte. Er schaltete das Gerät nie aus, um den Sender nicht zu verlieren. Und deshalb erklang hin und wieder die Ouvertüre zur Walküre in der Hafenwiese.

Es ist kalt da draußen

Ich kann es verstehen. Auch wenn der Himmel dunkel ist und die Sorgen nicht nachlassen, will man es sich und den Kindern schön machen. Sucht man einen besonderen Kerzenleuchter, eine Küchenschürze mit einem Nilpferd, eine schöne Obstschale oder ein Wiegemesser. Schöne Gläser. Wie echt aussehende Plastiktomaten, die auf der Mikrowelle zu liegen kommen. All dies und vieles mehr findet man im 1-Euro-Laden. Alle Kunden in diesen Läden suchen das kleine Glück für ein paar Cent. Hier wird nicht gehandelt, hier ist alles gleich billig. Man hat etwas gekauft, das ein wenig Glanz in den Alltag bringt. Beschwingt verlässt man das Geschäft. Ein Päckchen Servietten retten den Tag. Drei in einem für einen. Von Ausgebeuteten hergestellter Ramsch für Ausgebeutete hält die Leute ruhig. Denn wenn sie es sich nicht mehr schön machen könnten, würden sie vielleicht doch auf die Straße gehen.

Bambusvorhang

Schon seit einiger Zeit suche ich einen Bambusvorhang, ein Meter fünfzig breit und zwei Meter lang, oder kürzer. Die Breite ist wichtig. Der Vorhang soll vor mein Küchenfenster und die Glastür zum Balkon. Damit mir die neuen Nachbarn aus dem vierten Stock nicht auf den Frühstückstisch gucken können. Ich hatte die Suche nicht so forciert betrieben. Es wurde Winter und meine Nachbarn waren kaum noch auf ihrem Balkon. Doch hier war zwischen der kleinen Münsterstraße und dem Einkaufszentrum Eving eine riesige Verkaufshalle mit Ramschware entstanden. In türkischem Besitz. Alles für alle. Sie hatten sogar Bambusvorhänge für unter sieben Euro, leider nur ein Meter zwanzig breit. Ich erinnerte mich an den asiatischen Kramladen mit Woks und Kuanyin-Statuen, der nur zwei Blocks entfernt lag. Es war ein heller Vormittag im Herbst. Der chinesische Laden war leer. Nur an der Kasse lümmelte ein breitschultriger junger Chinese, während der Chef auf seinem Stühlchen saß und schwitzend Scheine aus den Fächern zog. Etwa vierhundert Euro lagen in kleineren und größeren Scheinen auf dem Warenband. Wenn das die Wochenauslöse ist, dachte ich, lebt die Triade von Dortmund nicht schlecht.

Die Fanfaren werden schriller

Ich bekam jedes Mal Zahnschmerzen, wenn ich die Tinwhistle-Melodie hörte. Der Schrotthändler fuhr um den Block. Aus romantischer Sentimentalität hatte er sich eine Tinwhistle-Melodie am Computer per Zufall generiert, weil, das setzt sich ja fest, sagt er, die Leute hören die Melodie und denken: Aha! Der Schrottman ist da. Dann kam ein zweiter Schrotthändler dazu. Junge Türken, die hier eine reelle Chance sahen. Auch sie fuhren mit generiertem Musiksound. Jetzt ist ein dritter aufgetaucht, der bläst Heavy Metal durch die Straßen. Die anderen müssen nachziehen. Die Fanfaren werden schriller. - Was bedeutet dieser Run auf Schrott? Haben die Schrotthändler die Nase vorn? Bauen die Regierungen jetzt doch das große Raumschiff, um den Planeten von der Menschheit zu befreien?

Heute Morgen sah ich Gitte Haenning

Heute Morgen sah ich Gitte Haenning überlebensgroß. Ich stand vor ihr. Es war kein Wunder, sondern ihr Plakat an der Bahnunterführung. Ich war ohne Rührung, aber voller Respekt, eine gute Sängerin, immer noch dabei. Vom Auto aus wäre sie mir nicht aufgefallen, und auch mit dem Fahrrad wäre ich vorbeigesaust. Sie trug eine pfiffige Kurzhaarfrisur, stand in dynamischer Pose am Mikrofon und sah herausfordernd ins Publikum. Keine Ahnung, was sie heute singt. Dann fiel mein Blick auf die umliegenden Plakate. Alles spannende Sachen. Zum Beispiel John McLaughlin und Larry Corryell bei den Leverkusener Jazztagen. - Weißt du noch, wie Laughlin damals in »Rawalpindi Blues« los legte? - Oh, Mann! Und wir voll dreistem Lebenswillen breit dabei.

Confiserie

Ein kleiner Jahrmarktswagen mit dem Schriftzug *CONFISERIE*, der Giebel von bunten Glühbirnen umkränzt, steht mitten auf der Djemaa el Fnaa. Hier kann man Lebkuchenherzen, Smarties, Printen und Liebesperlen kaufen. Türkische Männer sprechen auf den Bänken nebenan über ernste Probleme. Es ist kurz nach eins und die Sonne kommt nur noch schräg von der Seite. – Tom Wolfe, sagt der junge Schwule zu der tauben Oma, die er im Rollstuhl durch die Sonne fährt, habe ich immer von Herzen geliebt. Kleine, dunkle Kinder kommen mit ihrer Beute, einer entsetzlichen Halloween-Maske, um die Ecke. Sagst du alle, bist du auch dabei, schimpft der kleine Junge, der die Maske trägt. Sie kucken ernst. Er streichelt der Maske über die toten Augen.

Ital. Eis

Es war das Café gegenüber vom Blücherpark. Es hatte keinen Namen. Eis gab es schon lange nicht mehr. Am Fenster klebte immer noch die Werbeschrift. Die jetzigen Inhaber hatten das Café einfach so übernommen, nichts geändert. Die postsozialistische Balkanästhetik. Man spricht serbokroatisch. Es gibt Kaffee, Bier und Schnäpse. Kein Essen, bedaure. Aber ein Stuhl in der Sonne draußen auf dem Straßenpflaster. Das durch die Straße fließende ölige Licht der Oktobersonne verlangsamt den Tag. Die Menschen schweben einen halben Meter über den Gehwegplatten. Der junge Türke lächelt ins Handy: »Du, wenn ich dich heirate, ja, … «. Die Frau, die ihm entgegen kommt, spricht in ihr Rohr: »Er ist ja nur ehrlich. Er hat keinen Bock auf mich.« Zwei entspannte Bewusstseine gleiten aneinander vorbei.

Harira

Ich saß über einer Suppe bei Mahmoud und Haroun. Zwei Männer aßen mit den Fingern gebratenen Fisch und aus dem Lautsprecher kam Berbermusik. Finger, die Speisen berühren, entwickeln ein besseres Gefühl für Texturen und Konsistenzen. Werden sie dadurch auch in erotischer Hinsicht subtiler? Ich dachte an die Berbersängerin Najat Aatabou und ihr Stück Aschnut-tahaila, bei dem mir erst klar geworden war, was hinter der Geschichte steckte, die ein Freund mir vor Jahren erzählte. Sie waren mit Donovan und dem Sohn von Brian Jones im Atlas zu einer Hochzeit eingeladen und wollten mal so ein bisschen mit den Hochzeitsmusikern mitjammen. Aber es klappte nicht, weil die Takte zu kompliziert waren.

Zoo im Oktober

Am liebsten würde man sich nur am Flamingobecken rumdrücken, weil die Sonne da so schön hin scheint. Aber wir wollen doch die Affen sehen. Bei den Affen ist auch Sonne. Alte Liebespaare. Großmütter mit Enkelkindern in der Karre. Väter und Töchter. Laufen durch Blätterschatten und Licht über trockenes Laub. Sollen wir unserem Enkelkind, wenn es drei wird, eine Tier-Patenschaft schenken? Was meinst du, was sind das für Viecher? Kleine Tapire? Nein, die sind größer. Vielleicht Pampas-Schweinchen. Kann sein. Kuck, wie die Kamele springen, wenn der Pfleger den Motorblätterföhn anschaltet. Und welches Tier hat dir am besten gefallen? - Heute? Die Breitkopf-Schwimmwühle.

Cafe Orchidée

Für Außerirdische ein Muss. Um die Mittagszeit in der Sonne auf der Terrasse sitzen und zwei eingelegte Bratheringe auf Röstkartoffeln verzehren, ist das Non plus ultra eines gelungenen Oktobertages. Dazu ein Pilsken. Oder den Salatteller der Saison mit in der Pfanne gebratener Putenbrust. Mit einem kühlen Gläschen Grauburgunder. Doch selbst wenn Sie nur Wasser trinken, Sie sind willkommen. Lauschen Sie nur den Gesprächen der Einheimischen und lernen Sie westfälische Lebensart kennen. Da nähert sich eine Frau der jungen Gärtnerin. Sagen Sie, ich hab so eine riesige Schwiegermutterzunge, die geht schon durchs Dach, die möchte ich gern, äh dem botanischen Garten schenken. Oh, sagt die junge Gärtnerin, da wenden sie sich bitte an die Verwaltung. Während ihr Kollege schon die Kübelpflanzen fürs Winterquartier fertig macht und sich unsere Blicke in den atemberaubenden Herbstblattfärbungen des Romberg-Parks verlieren.

Leberkäs m. Brötchen 1,20 €

Waren es die Bayern, die der Welt den Leberkäs schenkten? Egal. Irgendwo da unten südlich der Appel-Apfel-Linie wurde schon immer Leberkäs verzehrt. Und jetzt? Auf dem Westenhellweg gibt es heute Leberkäs mit süßem Senf auch außerhalb der blau-weißen Wochen. Wenn man mit wenig sagt, kriegt man viel, und wenn man nur ja sagt, kriegt man zuviel. Dann tropft der süße Senf auf die Schuhe, wenn man ins Brötchen beißt. Dies ist die billigste Fast-Food-Variante auf dem Strip, auf dem Mitbürger vieler Zungen vorbeiziehen auf der Suche nach dem Glück, das du schon gefunden hast.

Restaurant *Artemis*

Eigentlich esse ich lieber türkisch. Aber im *Artemis* habe ich eines Mittags die Schlagzeile in einer liegen gebliebenen »Westfälischen Rundschau« gelesen: Charles Bukowski ist tot. Das verbindet. Alle Jahre wieder strande ich hier vor schwerer griechischer Speise, die schnell auf dem Teller erkaltet. Jedes Mal muss ich an Charles Bukowski denken. Dem Auge des Aquarellisten hätte der Farbklang dieses früh dunklen Sonntagnachmittags Ende Oktober vielleicht zugesagt. Die Hälfte der Robinienblätter in der Schützenstraße schon hellgelb, die andere noch grün. Dazwischen das glutige Rot der Vogelbeere, das mich an ein Aquarell des Dichters erinnert, das ich in einem Wohnzimmer in Hollywood sah.

Novembertag

Ach, welche Lust, durchs stiebende Herbstlaub zu radeln. Viel gelbe und braune Farbfelder sind zu sehen, und die voll hängenden roten Dolden der Vogelbeere am Wegrand lassen das Herz hüpfen. Kleine Stürme werfen Blätterschwärme in die Luft. Die graue Packwolkenbank reißt auf. Immens öffnet sich in hellem Himmelblau der Raum dahinter. Wattewölkchen mit schattierten Wolkenbäuchen durcheilen ihn geschäftig. Ein später Herbstsonnenstrahl trifft auf eine lichthungrige Pupille und schüttet Endorphine ins süchtige Hirn. Jetzt ein Blatt sein, verwirbeln, vorbei.

Schlechte Liebe

Am Bäckereistand von REWE gibt es eine neue Verkäuferin südländischer Herkunft mit zusammengeknoteten Haaren und allerliebsten Gesichtszügen. Sie ist kaum Ende dreißig, noch unverbraucht, und lächelt jeden Kunden an. Sie scherzt sogar mit dem alten Rentner, der nur zwei Brötchen holt und zwölf Minuten lang Witze erzählt und noch nicht mal bis zur Kasse vorgeht, dass es sich hinter ihm staut und ich ihn hasserfüllt anstarre, was die aparte Verkäuferin aus dem Augenwinkel bemerkt und mit einem angewiderten Gesicht quittiert, sodass ich am Ende mit klammen Brötchen nach Hause gehe.

Kleine Zaunmusik

Sie war schon zweieinhalb und es war November und sie hatte einen Stock gefunden. Stolz trug sie ihn vor sich her. Opa zeigte ihr, wie man mit dem Stock am Zaun entlang rattern konnte. Opa noch mal! Die Leute guckten schon aus den Fenstern. Und jetzt du! Doch es klappte noch nicht. Sie hatte weder die Kraft, den Stock fest gegen die Gitterstäbe zu drücken, noch die Richtung zu halten, so dass es bloß zu einem Dengeln zwischen zwei Stäben kam, aber immerhin. Es machte auch Musik. Wir werden es im nächsten Jahr noch mal versuchen, sagte Opa. Am Abend fand er ein klebriges Bonbonpapier und ein winziges Porzellanschaf in seiner Jackentasche.

Stielmus, versalzen

Stielmus, das war für ihn immer ein ur-westfälisches Gericht gewesen. Seine geschiedene Frau hatte es im Herbst gekocht.Er als Fischkopp war ja mit Dorschleber, Labskaus und roter Grütze groß geworden. Und dann sieht er auf der Tafel der *Zunftstuben* mit Kreide geschrieben: Stielmus mit Beilage, 4 € 90. Seit Jahren hat er keinen Stielmus mehr gegessen. Der erste Bissen schmeckt anders als die Erinnerung erzählt. Versalzen. Sie waren beide auf dem Egotrip gewesen damals, waren es noch. Ständige Kämpfe. Doch wenn sie über dem Stielmusteller saßen, stellte sich automatisch Waffenruhe ein. Ihr Stielmus war das reine Wort Gottes.

Geblümt

Seine Frau konnte es nicht lassen. Hier noch ein Blümchen und da noch ein Blümchen und eine Sonnenblume auf die Kühlschranktür. Wo kein Blümchen hinpasst, kommt ein Bildchen hin. Und in die Nischen Putten, getrocknete Rosen in Glasbehältern und Nippesfiguren (ironisch versteht sich). Nicht nur, dass er es als Geldverschwendung empfand, das allein wäre billig, es war etwas in dieser Haltung, das ihn frösteln ließ, ein ständiges Überdecken, ein Verstecken, ein Zumalen, ein Verschwinden lassen, ein Schönmachen. Sie kam ihm vor wie die Frau, die alles aus Wolle strickte, erst Tiere, dann Bäume, dann Berge, dann die ganze Welt und schließlich den lieben Gott.

Mach hinne, Alter!

Einmal knüpfte ein über achtzigjähriger buddhistischer Mönch mir ein Sai sin um das Handgelenk. Es dauerte ewig. Er führte den Faden im Zeitlupentempo, machte nicht eine Bewegung, die er zurücknehmen musste. Er verknotete das orangene Band des Glücks so fest, dass es, am Ende einer langen Zeit an anderer Stelle brüchig geworden, riss und in den Müll wanderte. Die langsamen Bewegungen, mit denen er die Fadenenden verknüpfte, faszinierten mich und ließen mich meine Unruhe spüren. Im Angesicht seiner Langsamkeit wuchs meine Ungeduld.

Kindheitsland

Niendorf war eine Festung geworden. Der Garstedter Weg, einst ein Sandweg voller Schlaglöcher, eine befahrene Schnellstraße nach Norderstedt. Das Haus, in dem er aufgewachsen war, verschwunden hinter hoher, dichter Hecke, die Rollläden heruntergelassen. Die Pforte verschlossen. Und so im Nachbargarten und im Nachbargarten und so weiter. Alles zugeblockt, vernagelt und drei Mal abgesichert. Mit Alarmanlage. Vor Blicken von dichten Hecken geschützt. Eine verbreitete Mentalität in den weißen Wohngebieten unserer Tage. Das war die Zukunft seiner Vergangenheit gewesen. Ihn schauderte. Davor war er geflohen. Und in der Dortmunder Nordstadt gelandet.

Baglama

Für Ralf Werner

Das elektronische Lesekonzert *Hikmet special project* war ein Bringer. Die Saz, das bauchige Instrument, war verkabelt, der Saitenklang kam satt aus den Speakern, die Tablas sprachen und der Mann am E-Cello groovte oriental rhythms. Ein Schauspieler las Texte von Nazim Hikmet, der im Fieber lag und im Versteck wartete, ob er den Hundebiss überlebte, weil er Kommunist war und nicht zum Arzt gehen konnte. In einem russischen Wald mit der nackten Geliebten am Lagerfeuer erkennt Nazim das Abenteuer des Lebens. Hinterher saßen sie noch im »Sultan«. Der Saz-Spieler sagte: *Saz* heißt Instrument. Mein Instrument heißt *Baglama.* Ah, sagte Henri, dass ist wie mit dem Wort *Tschalga* in Bulgarien. Sie nutzen es, um einen bestimmten Zuhälterpop zu bezeichnen, aber in Wirklichkeit heißt es *Musik*. Baklava ist nicht Baglama sagt der Tablaspieler.

Schnappschüsse

Warte doch noch! Nein, jetzt! Sie knipsten sich gegenseitig auf der Brücke. Er sah erst aus wie ein Spasti mit seiner Entenmütze, eine Hälfte rot, eine schwarz. Saß am Ende der geschwungenen Brücke neben dem Brückentorpfeiler. Sie, mit intellektuellem Langhaarkurzschnitt, knipste ihn ab. Doch dann übernahm er die Führung. Du musst schneller sein! Du musst mich, er scannte sie, holte ihren Mund heran, du musst mich, in einer von mir selbst unbeachteten Phase erwischen. Sie lächelte. - Du, Schwein! Du selbstgerechtes, mieses arrogantes Schwein! - Er lächelte.

Winterfarben

Er musste alt werden, um die Winterfarben zu sehen. Bis eben war der Winter nur ein graues, nebliges Klischee gewesen. Ein, ja, nicht wie selten verschneites Feldergelände, von wenigen Erdfarben plus Schwarzfarben aufgelockert. Er wusste, das Bild verändert sich bei aufmerksamer Betrachtung. Doch an diesem Tag war es anders. Mit einem Mal sah er die Schönheit der Farbflächen des Waldes. Buchenblätterbraune Flecken, moosgrüner Weg, fahles trockenes Riedgras am Grabenrand und das dunkle Tümpelwasser, in dem sich die Struwwelzweige der Kopfweide spiegelten. Es war ein stilles Bild, das leise in ihm nachklang.

Fischgeschichte

Henri hatte einen virtuellen Fisch in einem virtuellen Aquarium auf seinem Computerschirm. Es war ein Schleierschwanz. Er musste jeden Tag gefüttert werden. Nach achtundvierzig Fütterungen gab es eine virtuelle Wasserpflanze, nach sechsundachtzig Fütterungen eine Schatzkiste. Um schneller an die Pflanze zu kommen, fütterte Henri täglich dreimal. Doch der Fisch wurde fett und träge und Henri fuhr die Futtergabe zurück. Dann musste Henri verreisen.
Als er zurückkam und den Computer anschaltete, schwamm der Fisch reglos Bauch oben. Ha, dachte Henri, dann schalte ich einfach die Computerzeit um vierzehn Tage zurück. Doch der Fisch blieb tot. Henri löschte das Programm.

Mariechen

Mariechen mit den neuen Schühchen. Sie glänzten so schön, Mariechens neue Lackschühchen. Die Tante hatte sie ihr in Nachod auf der Kirmes gekauft. Es waren so viele Menschen auf der Kirmes. So viele. Hinter einer Bude hatten sie die gebrannten Mandeln aus der Tüte verschlungen. Die Schühchen waren so schön. Dann gingen sie essen. Die Tante nahm einen Krug Bier zur Wurst. Auf dem Heimweg schmierte sie Kuhfladen auf die Schühchen. Mariechen schrie. Aber es war nur wegen des Zolls.

Im Wartezimmer

Sechs Leute saßen im Wartezimmer des Hautarztes. Soeben wurde die Nummer 84 medizinisch versorgt. Er hatte die Nummer 88. Sein Versuch, Blickkontakt mit dem indischen Jungen aufzunehmen, der auf dem Schoß seiner Mutter saß, schlug fehl. Der Kleine wandte sich ab, sah zur anderen Seite, wo der junge Papa ihn charmierte. Eine kleine tamilische Familie: Vater und Mutter brachten das kranke Kind gemeinsam zum Doktor. Vibration in der Jackentasche. Das Handyverbot galt nur für das Ordinationszimmer. Oder hatte er ein Schild übersehen? Hallo. Eine Verwandte kondolierte zum Tod der Mutter, wollte über die Umstände hören. Sie ist in Würde gestorben, sagte er und beendete das Gespräch.

Hustelinchen

Immer hatte sie Hustelinchen auf dem Einkaufszettel stehen. Sie selbst lutschte die Bonbons selten, aber sie hatte immer welche im Haus, weil sie den Schwestern vom Pflegedienst, die morgens die Tabletten vorbeibrachten, ein Hustelinchen mit auf den Weg gab. Nur die Negerin bekam keins. Als er sie zur Bank fuhr, kurz vor ihrem Tod, wo sie die Rente abholen wollte, hatte sie Hustelinchen in der Handtasche. Sie gab ihm eins auf den Weg, als er ins Allkauf ging. Sie selbst blieb im Wagen sitzen. Das war das letzte Mal, dass sie nach draußen gekommen war. An diesem kalten, strahlenden Dezembertag war sie schon vierzehn Tage tot und er fand ein Hustelinchen, als er die Hand in die Jackentasche steckte. Langsam ließ er es auf der Zunge zergehen.

9. Januar 2009

Der Himmel über den Dächern der Scharnhorststraße nach einem strahlenden Sonnentag über verschneiter Landschaft: Orangefarbene Wölkchen ziehen durch ein dunkelndes Blau - Januardämmerung. Doch die Tage werden länger. Es ist schon fünf und fast noch hell. Autos rollen langsam durch den braunen Schneematsch auf dem Asphalt. Rush Hour in der Scharnhorststraße. Jemand hält an der Bude und nimmt noch schnell ein paar kühle Biere mit nach Haus. Die Wolken bilden ein Muster, rosa Wolkenfeuer, das langsam verglimmt und in hellvioletten Fransen vergeht. In einer Viertelstunde ist es dunkel.

Windeln wechseln

Es war Weihnachten und sie sprachen über Windelwechseln. Und da konnte er als Opa gut mithalten. Hatte er doch schon seiner Tochter die Windeln gewechselt, und nun seiner Enkelin. Kaka stinkt. Oh, wie sie sich freut, wenn es so richtig übel riecht und der Opa einen Ohnmachtsanfall simuliert. Was für ein Glück. Stinki stinki. Er liebte es. Seine Enkelin hatte eine gute Verdauung. Doch meistens mochte sie das Wechseln nicht. Sie wurde wütend, war wehrig. Nur durch ein geschicktes Ablenkungsmanöver war sie so weit zu beruhigen, dass er den Klebstreifen an der richtigen Stelle festdrücken konnte.

Eisschollen auf dem Kanal

Ein blauer Januarhimmel, Sonne. Es taut. Nach längerem Einkaufsgang durch die Nordstadt um kurz nach zwölf aufs Fahrrad und raus an den Kanal. Schnell zeigt sich, dass die Fahrt kein Zuckerschlecken wird. Die nicht asphaltierten Wege sind weich, die Reifen sinken tief ein und man muss strampeln, dritter Gang ist wie vierter Gang bei normalen Straßenverhältnissen. In den Schattenzonen liegt überall noch Schnee und Eis, Strecken von über hundert Metern und mehr muss ich mich durch eine dünne Eisrille im gefrorenen Schnee fädeln. Der Kanal ist voller weißer und grüner Eisschollen, sibirisch dicker Eisschollen. Ob der Dortmunder Eisbrecher Eisenstein I hier schon tätig geworden ist oder der Bug der Binnenschiffe fest genug, um die Eisschicht zu brechen, bleibt offen. Jedenfalls ist es ein Schauspiel als die *Fiona* aus Leiden durchkommt und die krachend aneinander schlagenden Eisschollen zur Seite schiebt, so dass hinter ihr eine grüne Kielwasserspur im Eis stehen bleibt.

Famiglia

Capice, sagte die kleine Frau mit dem runden Gesicht am Tresen zu dem Türken, nachdem sie ihm erklärt hatte, welche Sorte Fleisch sie brauchte. Kommen Sie aus Italien, fragte der Türke. *Si, si*, sagte sie stolz. Ich auch, sagte der kleine Mann neben ihr, den ich bisher nicht wahrgenommen hatte. Sie waren nicht aus meinem Kiez, ich hatte sie noch nie gesehen, aber die Frau mit dem dicken Bauch und der blauen Jacke kam mir bekannt vor. Wo war mir dieses Gesicht schon aufgefallen? Während ich meine Einkäufe nach Hause trug, grübelte ich darüber nach. Zu Hause angelangt, fiel es mir wie Schuppen von den Augen. Auf dem Küchentisch lag eine Zeitschrift mit einer ganzseitigen Abbildung der sixtinischen Madonna von Raffael. Die Ähnlichkeit war verblüffend.

Begegnung am Abend

Beim Marokkaner war es zu voll gewesen und so landeten sie beim Libanesen. »Caracalla«, mit Holzkohlegrill. Er hatte das neue Lokal schon immer ausprobieren wollen. Nun saß er mit einer Freundin über einem Falafelteller, er mochte diese besonderen pikanten Pickels, und wer bringt die Hühnerfleisch-Spieße? Sein alter Freund Jamal. Sie umarmen sich. Wo warst du? Lange nicht gesehen. Auf einmal, ich komme von der Reise zurück, da ist dein Laden dicht. Zeitungspapier an den Glasscheiben. Wie ich mich freue, dich zu sehen. Arbeitest du hier? Die nächsten zehn Tage bestimmt. Ich komme wieder. Auf bald. So reden sie. Die Freude in dieser Begegnung ist so groß, dass sie auf alle im Lokal Anwesenden, egal ob Gast oder Kellner, überspringt.

Ein klares Geschäft

In dieser Wohnung hatte die tote Mutter gewohnt. Dann kamen die Nachmieter, eine Frau aus Kasachstan mit goldenem Gebiss und ihrer Schwester, die schon seit neun Jahren im Haus wohnte, und der Tochter, die schon länger in Deutschland war und alles managte. Sie wollten nicht mehr zurück. Sie sagte, sehen Sie, der Monat hat einunddreißig Tage, Miete dreihundertzehn Euro, heute ist vierte März, vier Tage herunter, sind zweihundertsiebzig Euro. Wollen wir als Miete zahlen. Ich willigte ein, erklärte die Mängelrügen der Immobilienfirma und sagte, sie bekämen den Elektroherd umsonst, wenn wir damit quitt wären. Sie willigten ein, übernahmen auch den Sonnenschirm, der noch im Keller lag.

Karambolage

Ein kleiner Zusammenstoß kann aufwecken. Eigentlich wollte man nur ausparken und dem nächsten Ziel entgegenrasen, wie gewöhnlich, und dann wumms, hat man dem großen Lieferwagen, der mitten auf der Straße vor der Bude parkt, die weiß gespritzte Stoßstange touchiert. Ein hässlicher Fleck sonst nichts. Dennoch macht der Fahrer ein bedenkliches Gesicht. Oh, oh. Und nun? Es ist nur Farbe. Das mache ich selbst, aber die Farbdose müssen Sie zahlen. Fünfzehn Euro wechseln den Besitzer. Wieso ham Sie denn den nicht gesehen? Man verkneift sich die Antwort, dass das verschmutzte Weiß des Fahrzeugs kaum von der Grundfarbe des Tages zu unterscheiden ist, und fährt weiter. Irgendwie ist der Tag nun anders. Wo war man vorher?

Männerbilder

Alte Männer, die sich wie kleine Jungen von ihren Frauen im Kaufhaus einkleiden lassen, wird es bald nicht mehr geben. Dieses Männerselbstverständnis stirbt aus. Ich mache das Geld und die Alte kocht, wäscht und sorgt für die Ästhetik ist vorbei. Und sonntags gibt's Braten. Das scheint grenzüberschreitend gewesen zu sein. Der Ehepascha der tschechischen Kusine meiner Mutter hatte es in Reinkultur. Wobei es bei Rentnern doch wenigstens eine Erschütterung erfahren sollte. Vor einigen Tagen hörte ich einen vierzigjährigen russischen Grafiker, der in Deutschland Fuß gefasst hatte, die Meinung vertreten, die Frau gehöre an den Herd und zu den Kindern. Treffen hier zwei Ideologeme unterschiedlich entwickelter Kapitalgesellschaften aufeinander oder ist die alte Familie die letzte Rettung in unwirtlicher Lage.

Weggetretene Zeitgeister

Eben war es noch da, schon ist es wieder verschwunden. Und ich gucke mir vergeblich die Augen aus, weil ich noch einmal sehen will, was ich nicht glauben kann. Das Plakat war von einer Klamottenfirma, keine Ahnung welche. Es geht nicht um die Marke, sondern um diesen Widerwillen, der bei der Betrachtung der zwei gut gekleideten jungen Menschen in mir aufstieg. Ein Mann und eine Frau, von ätherischer Schönheit. Sie standen beieinander, hatten Körperkontakt und waren meilenweit voneinander entfernt. Es lief über die Augen. Sie sahen sich nicht an. In ihren Pupillen glänzte ein seltsames Licht. Als gäbe es ein Glück in der Abwesenheit. - Dr. McLuhan, können Sie mal kurz kommen?

Das Haus mit den grünen Augenbrauen

Es steht hinter dem Petroleum-Hafen. Wenn man von hinten am Güterbahnhof entlang kommt, zur rechten der Fredenbaumpark, an der schlammigen Pfütze, in der vertrocknete Sumpfgräser stehen, vorbei, dann weiter den schmalen, von faulen Füßen getretenen Pfad durch das Gebüsch auf dem Brachland, in dem sich sommers Liebespaare tummeln, und schon sieht man das Haus mit den grünen Augenbrauen. Die Haustür ist aus Stahl und mit drei Schlössern gesichert. Gestern sah ich einen Mann ohne Gesicht am Fenster im ersten Stock. Dann bin ich am Kanal. Das Wasser so klar wie das Mittelmeer bei Herceg-Novi. Mit dem Rücken an der warmen Mauer, hinter mir ein Petroleumcontainer, bin ich endlich in meinem Industrie-Venedig angekommen. Dort spiegeln sich Brücke und Wolken im Wasser des Kanalabzweigs.

Die Fahrt nach Oberhausen

Weißt du, sagte er zu seiner Tochter, ich bin gestern schwarz gefahren. Oh, mein Gott, sagte die Tochter, wenn gleich die Bullen bei dir schellen, wirst du abgehört. Ich wollte einfach nicht mit dem Auto in den Stau fahren. Am Schalter sauen sie mich ab, dass es Fahrkarten für den Verkehrsverbund nur im Automaten gibt. Der Automat spuckt meinen Zwanzig-Euro-Schein immer wieder aus. Bis ich begreife, dass er nur Fünf- und Zehn-Euro-Scheine nimmt, ist Abfahrtszeit. Da bin ich wütend geworden. Aber in der Bahn wurde es dann spannend. Es war achtzehn Uhr achtzehn. Ich fuhr in den Sonnenuntergang und überall in diesem roten Licht sah ich rostige Riesenameisen, die sich taumelnd erhoben und mit blechernen Stimmen in den roten Himmel röhrten. Mitte März, um achtzehn Uhr achtzehn. Und ein Schaffner kam auch nicht.

Ah, Marseille!

Für ulli la

Frau La muss für vier Tage musikmäßig in Marseille abtauchen. – Ah, Marseille! Neunzehnhundertundeinundsechzig. Nächtliche Ausfahrt mit dem Fischerboot und zum Frühstück gekochte Calamari auf Klappbaguette. Und ein Schluck Rotwein. Und Fische sortieren, die kleinen zurück ins Meer, die großen in Kisten. Und jetzt Millionenstadt, Schmelztiegel, heimliche Hauptstadt des Rai. Wenn ich Rentner bin, trampe ich hin. In meinen Träumen habe ich immer ein Zimmer am Hafen, mit Blick aufs Wasser und neben dem Fenster eine in die mediterrane Nacht zuckende hellgrüne Neonschrift HOTEL, die sich im Wasser spiegelt.

Das blaue Band

Heute auf meinem ersten Spaziergang nach den kalten Tagen kamen mir der Typ mit dem schütteren Schnurrbart entgegen, die Kassiererin von Aldi mit Kinderwagen, die asiatisch aussehende Frau mit der roten Lederjacke und dem schwarzen Hund, der stöhnende Opa, der beim Kinderwagen schieben Zeitung las, die Frau mit der Messernarbe im Gesicht, das hinkende Mädchen, der junge Mann mit Vollbart und Kaftan über den Jeans, der Oldtimer mit Matte, die stolzen türkischen Eltern, und alle hatten ein leises Lied auf den Lippen. Nur der Junge im Elektro-Auto nicht. Er musste lenken.

Meiner Bude geht's gut

Jetzt stehen zwei rote Sonnenschirme auf dem Pflaster, und die große Softeistüte, die man gleichzeitig als Klappmülleimer verwenden kann, daneben, ist neu. Schon seit einiger Zeit hat sie diese großstädtische Neonreklame in rot, schwarz und weiß. Eine Leuchtwerbung der WESTFÄLISCHEN RUNDSCHAU. Kiosk steht da noch drauf. Als wenn man das nicht wüsste. Seit Oberhemdentemperaturen herrschen, erfreuen die Kampftrinker die Scharnhorststraße wieder mit fröhlichem Gelächter bis Mitternacht. Manchmal kommt eine Mädchentanzgruppe und kauft eine Tüte süßer Teufel. Das sind die Mädchen, die tanzen und klatschen, sage ich zu meiner Katze. Hör nur, wie sie leise singen.

Ein treuer Kunde

Diese Bäckereikette verkauft nicht so gutes Brot. Das *Siegerländer* neulich konnte sie nicht schneiden, zu frisch, aber es war innen klunschig und außen nicht knusprig gebacken. Selbst im Toaster hatte es nicht die gleiche Qualität der anderen Bäckereikette. Und nun bin ich schon wieder hier.

Die Verkäuferin, eine junge Türkin, ist von dunkler Schönheit, etwas Leidenschaftliches steht in ihrem Gesicht, Wut und Stolz, Unbedingtheit. Ich nehme das halbe *Sauerländer*, ein Graubrot, das mir getoasted zum Frühstücksei schmecken wird. Ich sehe, wie sie das erste verunglückte Schnittstück entfernt, um mir ein heiles halbes Brot zu geben, obwohl ich es bezahlen werde. Doch sie hat mich so für sich eingenommen, dass ich darüber hinwegsehe.

Zwei Begonien

Hätte nicht gedacht, dass wir es schaffen. – Ich war schon am Austrocknen. – Wenn er uns nicht rausgezogen hätte, wären wir auf dem Kompost gelandet. – Immerhin sahen wir noch am Besten aus. – Die anderen waren schon welk. – 49 Cent hat er für uns bezahlt. – Es ist eine Schande! 49 Cent für eine lebende Begonie! – Das Umpflanzen ging schnell. – Er hat meine Wurzeln entfilzt. – Frische Erde, Wasser und fertig. – Und ein neues Leben im Balkonkasten. – Mensch, dritter Stock! – Klasse View! – Kuck mal, das Eichhörnchen in der Esche.

Am Rande der Festwiese

Ich saß auf einer Bank auf dem kleinen Platz neben dem Kantinenzelt des Sicherheitsdienstes und schlang missmutig gebratene Nudeln in mich hinein. Wie konnte ich nur bei einem Jahrmarkts-Chinesen Essen kaufen. Zwei Bänke weiter erklärte eine magere junge Frau einem über und über tätowierten jungen Mann das Leben. Ein dicklicher Mittzwanziger schleppte einen riesigen Kasten mit Mattscheibe an uns vorbei. Er sagte etwas zu den beiden jungen Leuten, während er vorbeiging. Nach kurzer Schockpause sprang der junge Mann auf und brüllte: Wir sind keine Junkies, du Idiot! Wartet ihr auf Hero, sagt der zu uns, sagt sie empört zu mir. Das ist eine Unverschämtheit, sage ich. Das ist eine Unverschämtheit, ruft der Tätowierte hinter dem Fernseherträger her.

Zwei Nutten in Davensberg

Es ist Sonntagmorgen auf der Fahrt nach Münster. In Davensberg steigen die beiden Nutten zu. Ihre Gesichter sind grau. Latinas vielleicht, Anfang zwanzig und schon verbraucht. Sofort macht sich die eine am Fahrkartenautomaten zu schaffen. Die andere lehnt sich ans Fenster. Du musst das Reiseziel eingeben. Do wie Dortmund. Der Graukopf, den sie ins Visier genommen haben, riecht die Falle und starrt angestrengt aus dem Fenster. Für einen Schlafplatz in Dortmund würde ich sogar mit einem Achtzigjährigen ficken, sagt die Hagere. Du Hure, sagt die Dicke. Man sollte sie aufschlitzen und ihre Eingeweide im Klo runterspülen, hatte die Hagere über eine nicht anwesende Dritte gesagt, als sie einstiegen. Dieser Zug fährt nach Münster, sagt ein Mann. Aber wir wollen nach Dortmund, sagt die Dicke. Aber der fährt nach Münster, keift eine Frau. In Amelsbüren steigen sie aus.

Tod eines Vogels

Als Henri näher kam, erkannte er, dass der dunkle Fleck auf dem Pflaster ein toter Vogel war. Eine Kohlmeise. Vielleicht war sie vom Dach gefallen. Auch flinken Fliegern bleibt das Herz einmal stehen. Der Vogel sah immer noch verletzlich aus. Noch während Henri überlegte, was zu tun sei, Ledersohlen rahmengenähter Herrenschuhe schwebten vor seinem geistigen Auge über dem Vogelkörper, näherte sich eine Frau mit einem Kopftuch. Sie bückte sich, griff den toten Vogel mit einem Papiertaschentuch und trug ihn in die Rabatte. Dort legte sie ihn behutsam auf der Erde ab. Als sie sich wieder aufrichtete, trafen sich ihre Blicke. Henri nickte. Dann ging er weiter.

Versunkenheit

Die Bäckereiverkäuferin schaute eine Ewigkeit auf das Wechselgeld in ihrer Hand. Sie hatte völlig vergessen, wie hoch die Endsumme war. Ein Geruch stieg von dem Geld auf, der sie an Kroketten mit Mostrich erinnerte. Die Silhouette der Statue von Koningin Wilhelmina an der Promenade von Nordwijk tauchte kurz vor ihrem geistigen Auge auf. Eine Möwe schrie vom Wasser her. Ein unrasiertes Kinn rieb sich an ihrer Schulter. Sie erschrak. - Wer bekommt's?

Freilichttheater

Sonntag, 9. August, 2009, 21:54. Wie eine Säule aus schwarzem Puder steht die Luft zwischen den Mauern im Hinterhof. Die Silhouette von Baumkronen, Kirchturmspitze und Schuldach hat einen weißrosa Schein. Langsam kommt die Nacht. Mit jähen Kurswechseln zerreißen die Fledermäuse die Dunkelheit. Irgendwo wird geduscht, ein Kind quengelt, ein Streit um die Frische eines Salats entbrennt.
Sonntagabend: Das Tempo steigt, der Montag naht. Der Balkonfreund genießt diese Stunde der Dämmerung, in der die violette Aura der Linden sich ins dunkle Himmelblau verströmt und die Zeit den Atem anhält. Es kann noch Ewigkeiten dauern, bis der erste Stern erscheint.

Kürbis mit Lamm

Das schmeckt wie Hundekacke, sagte die knapp dreijährige Lili und schlug mit ihrem Löffel auf den Hokkaido-Kürbisbrei. Es war nicht ausgeschlossen, dass sie es sogar beurteilen konnte, denn sie steckte alles in den Mund, was ihr unter die Augen kam. Natürlich keine giftigen Früchte, die sie nicht kannte, sie war ja nicht blöd. Aber an Fensterscheiben lecken, das Badewasser schlürfen und einen trockenen Vogelpup mit der Zungenspitze abschmecken auf jeden Fall. Der Großvater schlug Fleischwurstbrot vor, was widerwillig angenommen wurde.

Kontakthoch

Mein Nachbar kommt aus Ghana und raucht erstklassiges Gras. Schon morgens, wenn Freunde da sind oder bei ihm übernachteten, paffen sie, dass es durch die Türritzen quillt. Komme ich am frühen Vormittag die Treppe herauf, mit einer Tüte frischer Brötchen in der Hand, ein Croissant dabei, nach einem frühen Müsli noch fast nüchtern, atme ich auf meiner Etage tief ein, und wenn ich dann in meine Küche komme, denke ich: WAOGH! Alles gut! Der Katze geht's gut! Mir altem Stinker geht's gut! Oh, wie schmecken diese frischen Feigen! WAOGH!

Kinshasa

Der Transvestit hatte sich verlaufen, ein fetter, junger Schwarzer mit Männertitten. Er trug einen grünen Minirock, mit dicken Beinen in halbhohen, roten Stiefeln tanzte er auf der Schützenstraße hart am Rande des Kantsteins. Er warf den Autofahrern Kusshändchen zu, führte den Daumen zum offenen Mund und bewegte ihn vor und zurück. Zwei junge Türken im schwarzen Mercedes konnten es nicht fassen, hielten an und glotzten. Dann schüttelten sie die Köpfe und fuhren weiter. Auf der anderen Straßenseite im Schatten stand ein hoch gewachsener junger Afrikaner im schwarzen Jogginganzug mit Stöpseln im Ohr. Er beobachtete den Transvestiten, hob die Hand und zielte mit dem Zeigefinger auf ihn. PÄNG.

Spritlaune

Ja? - Henri drückte den Knopf der Gegensprechanlage. - Einen Krankenwagen, bitte! Rufen Sie einen Krankenwagen, schnell! sagte eine verstörte Männerstimme. - Moment, ich komm runter. Unten lehnte ein bleicher Kerl an der Hauswand. Henri sah auf die Straße. Kein Unfall, kein Blut. - Was is' los? - Ich kann nicht mehr laufen, Messerstiche im Bein. Wie zur Demonstration knickte der Mann ein und rutschte die Hauswand hinunter. Fühlen Sie mal meine Schulter, sagte der Kerl, die ganzen Drähte und Schrauben tun mir weh. - Verstehe, sagte Henri. Sie wollen Dich zum Roboter machen. Er rief einen Krankenwagen. - Bleib hier sitzen. Die kommen gleich. Dann ging Henri wieder nach oben. Als der Notarztwagen kam, war der Mann verschwunden. - Er ist die Straße rauf gegangen, sagte die Frau von der Trinkhalle.

Glasbruch

Der junge Mann gehörte einer alteingesessenen italienischen Familie der Stadt an. Lange war er Pizzabäcker der Stehpizzeria in der Lessingstraße. Dann machte das Radiogeschäft daneben dicht und er übernahm das Ladenlokal, baute einen Pizzaofen ein, setzte einen Verkaufstresen mit Speisenauslage in den hinteren Teil des Raumes und stellte Tische und Stühle hin. Durch die große Schaufensterscheibe sah man ein kleines, nettes italienisches Restaurant. Einfach, wie man es in Trastevere findet. Und heute Morgen ist ein Loch im Fenster und dahinter hat man eine zweite Scheibe mit Klebeband befestigt. Es sieht nicht nach Grauwacke aus, eher nach einem Pistolenschuss.

Feigen im Februar

Nach langer Zeit hatte ich wieder einmal getrocknete Feigen gekauft. Mit dem ersten Mund voll saß ich unter einer Palme in einer kleinen Nebenoase weit ab vom Schuss und dachte an die Dame, die die Wüste liebte. Diese Feigensüße. Säße sie neben mir, ich böte ihr eine Feige an. Wenn wir dann mit der Zunge zwischen Zähnen nach Samenkörnchen fischten (erstklassige Ballaststoffe), zögen endlose Karawanen durch die Jahrtausende, die Kamele beladen mit sonnengereiften, zuckersüßen, luftgetrockneten Feigen, zu Kränzen gepresst, in Säcke verpackt, auf dem Weg in den kalten Norden, wo düstere, hungrige Nordmänner ihre Köstlichkeit empfangen dürfen.

Schnee

Es schneit und schneit. Seit Tagen, seit Wochen. Der längste und schneereichste Winter seit neunzehnhundertneunundsechzig. D. h. volle Montur: Schneeschuhe, Schneebrille, Anorak und lange Unterhose. Pulverschneeböen fegen durch die Schützenstraße, die feinen Körnchen brennen auf der Haut und hängen in den Augenbrauen. Whiteout in der Nordstadt. Vor mir kämpft sich ein Rentner mit Rolator durch die Schwaden. Aus der Einkaufstasche im Korb klingt Heavy Metal Musik. Als ich ihn überhole, Verkehrsmeldungen. Achtzehn Kilometer Stau A 45, ein Lastwagen steht quer, neun Kilometer Stau B 1, A 44 zwischen Soest und Anröchte vorübergehend gesperrt, kein Salz mehr, A 2, Unfall, zwölf Kilometer Stau und so geht es weiter bis sich die Litanei im Sausen des Schnees verliert. Oh, wenn es doch nur schneite und schneite, dass der Verkehr zum Erliegen käme, die Menschen zur Ruhe und Deutschland endlich zur Besinnung.

Auf der Suche nach Kernen

Die Frau unter Palmen auf der Mehltüte im Schaufenster des marokkanischen Lebensmittelhändlers bringt mich zum Träumen. Der Duft von Holzkohle, Kumin und getrockneten Orangenschalen steigt mir in die Nase. Es ist Nacht. Weit wölbt sich der sternenübersäte Himmel des Atlas über meinem Kopf und in der Ferne erklingen die schnellen Trommeln der Berber. Eine unverschleierte Frau mit bemalten Händen stellt eine große Schale Couscous vor mich hin. Sie setzt sich zu mir und lädt mich ein, mit ihr zu essen. Ihre dunklen Augen sind tief und unergründlich. Ein rätselhaftes Lächeln spielt um ihre Lippen. Dann hat mich die Krankheit des einundzwanzigsten Jahrhunderts wieder im Griff. Keine Zeit. Ich muss weiter. Und schon habe ich die Frau auf der Mehltüte vergessen.

Minutengeschichten kann man nicht am Schreibtisch erfinden. Sie brauchen die Begegnung und Auseinandersetzung mit dem Anderen. Ihre Ursprünge liegen auf der Straße, in der Bahnhofshalle, im Café, im Park oder am Kanal. Jede dieser Geschichten hat einen realen Kern. Das kann ein Satz sein (»Lammanommamamamachn«), ein liegen gebliebener Gegenstand, ein Blick ins Auge des Anderen, ein Geräusch, eine Szene, ein Dialog, ein Gefühl, ein weggeworfener Kronenkorken, zerbrochenes Glas. Diese Kerne lassen sich nicht herbeizwingen, ich muss sie finden. Aber ich kann sie auch nicht suchen. Eigentlich finden sie mich. Das einzige, was ich dazu tun kann, ist, mit offenem Blick und empfänglichem Gemüt durch die Straßen des Ruhrgebiets zu gehen. Das Finden dieser Geschichtskerne hat mit Glück zu tun und der Verrücktheit der Wirklichkeit und der Sicht darauf. Unerwartet entdecke ich etwas Neues, nie Gesehenes in einer mir scheinbar bekannten und vertrauten Umgebung. Es überrascht mich. Ich spüre, dass es ein vielfältiges Leben in dieser oft als grau und einförmig erfahrenen Umwelt gibt. Der schnell wuchernde sich überlagernde, sich verändernde Wortdschungel der Stadt wird in

einem einzigen Schriftzug sichtbar. Die Musik der gesprochenen Sprachen erklingt und zeigt in einem Wortwechsel das Drama des Alltags. Doch der Augenblick ist nicht von Dauer. Ich muss schnell sein, um sein Eigentümliches und Besonderes festzuhalten, bevor er unter den Rädern des Fortschritts verschwindet.
Unsere Wirklichkeiten werden immer ähnlicher: Wir schwimmen in einer fließenden Welt, egal wo wir sind, nur die Flussgeschwindigkeiten sind unterschiedlich. Ich lebe am östlichen Einfallstor zum Ruhrgebiet in der Westfalenmetropole Dortmund. Wir schreiben das Jahr zwanzigzehn. Das Lebenstempo entspricht meinen Bedürfnissen. Ich schätze Industrielandschaften, mir gefallen die Brüche, die hier am Rande entstehen, wenn westfälische Kulturlandschaft, genauer, die agrar-wirtschaftlich genutzte Parklandschaft des Münsterlands auf Kraftwerke, Halden und Faultürme stößt. Ich liebe die Kontraste und die sich daraus ergebenden Überraschungen. An einem Lippeknie hinter einem Dorf bei Borken sah ich ein Stück Landschaft, das von John Constable hätte gemalt sein können.
Das Ruhrgebiet ist ein Einwanderungsgebiet. Es ist in rascher demographischer Veränderung begriffen. In den Grundschulen treffen sich Kinder aus Deutschland, der Türkei, Griechenland, Italien, Marokko, Russland, Monte Negro usf. Auch Asien und Afrika sind längst in diesem Ballungsgebiet angekommen. Es ist ein gewaltiges soziales Experiment, das hier vor Ort statt findet. Soviel Träume. So viel Erwartungen an das Leben. Wird sich ein Zusammengehörigkeitsgefühl unter den Menschen der Region entwickeln, über den Fußball hinaus? Ein Wir-Gefühl, wie ein Politiker neulich sagte. – Könnte es sein, dass die Lingua franca des Ruhrgebiets in hundertfünfzig Jahren eine Art Pidgin-Deutsch ist, mit Worteinsprengseln aus vielen Sprachen?
In diesem Sinne sind die Minutengeschichten Geschichten aus der Veränderung eines Ballungsgebiets, Mosaiksteine zu einem Gegenwartspanorama des globalen Dorfes Ruhr und ein Heimatroman in Pillenform.

Nachbemerkung

Walter Gödden

2010 - Kulturhauptstadtjahr. Eine Metropole stellt sich aus. Und wie! Teilweise so in Hochglanz, dass man sie nicht wiedererkennt.

Die Literatur ist da aufrichtiger. Auch sie legt sich mächtig ins Zeug. Gleich fünf Anthologien geben einen Überblick über die Literaturvergangenheit und -gegenwart des Ruhrreviers. Aus vielen Puzzleteilen entsteht ein weitgehend authentisches Bild der Region fernab geschönter Prospektwelten: Roman, Lyrik, Reportage - eine literarische Wiederauferstehung oder eher: erstmalige Entdeckung dieses ungemein spannenden Städtemolochs.

Ein Tenor der Vor- und Nachworte: Man sollte gar nicht erst versuchen, Hochstapelei und Etikettenschwindel zu betreiben. Statt der so genannten Hochkultur hinterher zu hecheln, sollte man sich auf das besinnen, was man vor der eigenen Haustür vorfindet. Und das ohne jede Spur von Minderwertigkeitsgefühl oder Selbstmitleid. Das Ruhrrevier ist auf seine Weise einzigartig - in seinem Wildwuchs, seiner Disparatheit, seinem sinnverwirrenden Chaos.

Ralf Theniors Minutengeschichten haben nicht unmittelbar mit dem Kulturhauptstadtjahr zu tun - mittelbar allenfalls dadurch, dass einige Texte im „2010LAB.tv"-Internetportal vorgestellt werden. Der thematische Bezug aber ist evident. Für mich sind die hier versammelten Kurztexte ein Kontrapunkt zum Als-Ob-Getue der Stadtmarketingstrategen. Eine komprimierte Zusammenfassung all dessen, was das Ruhrgebiet wirklich ausmacht. Mit all seinen Ecken und harten Kanten.

Was Theniors Minutengeschichten von anderen Annäherungen unterscheidet, ist die Eigenständigkeit und Radikalität des Blicks. Es ist die akute Präsenz der den Geschichten immanenten Bilder, die nachhallen und etwas in bester Manier „auf den Punkt“ bringen. Hinter jeder Minutengeschichte steckt ein Kapitel Lebensgeschichte, wenn nicht gar ein ganzer Lebensroman.

Thenior ist Alltagsbeobachter aus Passion. Das „Einfache Leben“ - um den Titel eines seiner Bücher aufzugreifen - war schon immer sein Thema. Er hat es in immer neuen ästhetischen Formen erkundet - in der Lyrik, Reisenotizen, bis hin zum Roman („Ja, mach nur einen Plan“). Und auch im Jugendbuch stiftet er seine Leser an, genau hinzuschauen und hinzuhören, wenn es um Situationen, Worte, Satzfetzen geht. Fokussiere das, was du siehst. Ordne es ein, ziehe deine Schlüsse. Lerne, selbständig zu denken. Be yourself.

Theniors Minutentexte sind eine Herausforderung, ein Wagnis, ein Appell. Man ist perplex und staunt. Ist oft beunruhigt, irritiert. Und zugleich fasziniert. Was auch mit der gewählten Form zu tun hat. Die Konzentration auf die Minutenlänge erlaubt kein Wort zu viel. Und fordert geradezu eine meisterhafte Pointierung. Anordnung und Varianz der Texte ergeben einen Reigen unterschiedlichster Spielformen, von der Selbstreflexion über hörspielartige Kurzszenen, direkte, oft gallige und spröde Humoresken und Grotesken bis hin zu „Familienarien“ und Texten, die vom Assoziativen und Wortspielerischen inspiriert sind. Das Verbindende: Der Kunstanspruch bleibt verdeckt, wird nie ausgestellt oder strapaziert - auch das ein Signum großer Kunst.

Thenior zoomt so nah an Szenen und Personen heran, bis es fast wehtut. Er hat die Underdogs im Visier, ihre „Spreche“, ihren Habitus. Jenen Unglücksrittern gehört seine ganze Sympathie.

„Das Submilieu ist immer da, wo ich mich selbst gerade aufhalte", hat der Autor einmal in einem Interview gesagt. Er lebt bewusst in einer Stadt und einem Stadtviertel, das nicht auf Rosen gebettet ist. Jener Kiez wird vom Autor immer wieder genau ausgelotet, ohne Pathos, unprätentiös, ohne Attitüde. Das Leben ist, wie es ist. Das ist oft deprimierend und am Rande des Absturzes, aber auch voll praller Vitalität, bizarrer Komik, subversivem Charme und trotziger Selbstbehauptung. Thenior nimmt die Menschen ernst. Er schlägt sich auf ihre Seite, gibt ihnen mit seinen Texten eine Stimme.

Inhalt

CD

Minutengeschichten

Ralf Thenior & DIE KULTURTECHNIKER

1	Jan	1	Eisschollen auf dem Kanal / Winter chords #1	2:40
2	Jan	2	S-Bahn fahren / Nord #1	2:45
3	Feb	1	Stelen und Grafitti / Westfalen #1	2:04
4	Feb	2	Bambusvorhang / Saz & Candy #1	2:20
5	Mär	1	Die Fahrt nach Oberhausen / Nord #2	1:24
6	Mär	2	Frühling in der Nordstadt / Westfalen #2	2:07
7	Apr	1	Das Ostermontagslied / Rhein #1	1:55
8	Apr	2	Das Haus mit den grünen Augenbrauen / Westfalen #3	1:21
9	Mai	1	Buschwindröschen / Rhein #2	1:43
10	Mai	2	Meiner Bude geht's gut / Rhein #3	1:31
11	Jun	1	Große Pause / Nord #3	1:42
12	Jun	2	Die Fanfaren werden schriller / Nord #4	1:33
13	Jul	1	Trance Airways 2 Balconia / Saz & Candy #2	1:30
14	Jul	2	Nordstadtsommernacht / Westfalen #4	2:24
15	Aug	1	Ein Sommertag im Fredenbaumpark / Westfalen #5	2:40
16	Aug	2	Trinkhalle, nachts / Westfalen #6 (Morton F.)	1:26
17	Sept	1	Djemaa el Fna / Tram #1	2:14
18	Sept	2	Große Freude am Abend / Saz & Candy #3	1:45
19	Okt	1	Ital. Eis / Tram #2	2:04
20	Okt	2	Aurora bei Vollmond / Westfalen #7	1:34
21	Nov	1	Erscheinung am Vormittag / Nord #5	1:23
22	Nov	2	Es ist kalt da draußen / Westfalen #8	1:22
23	Dez	1	Hustelinchen / Ra.Th.'s Mom	2:41
24	Dez	2	Winterfarben / Winter chords #2	1:45

Ralf Thenior - Texte & Sprecher
Ralf Werner - Idee, Komposition, Cello & Sampler
Martin M. Hahnemann - Sprecher
Ruthilde Holzenkamp - Akkordeon
Gäste: Ibo Turhan - Saz (Baglama) / Timir Baran Roy - Tabla
Aufgenommen von Januar bis Mai 2010
von Michael Kraus / Audiomix-Tonstudio Wuppertal
Dank an Michael Krömer (Ruhr.2010)
www.kulturtechniker.net / www.ralf-thenior.de